UN

AVOCAT ROUENNAIS

AU XVIIIe SIÈCLE.

PUBLICATIONS DU MÊME AUTEUR.

L'autographe Normand. — 1 *Le Vieux-Rouen.* — 11 *Les Environs de Canteleu.* — *Les anciens Serruriers de Rouen.* — 111 *Souvenirs,* — Fontaine-le-Bourg, le Val-de-la-Haye, La Bouille, Jumiéges, Caudebec, Pont-de-l'Arche. — 1v *La Normandie qui s'en va,* 4 livraisons, 65 desins aut. 1872.

Abrégé d'un Journal historique de Rouen, publié avec une introduction. Rouen. Lanctin 1872. petit in-4o de xvi et 80 pages.

Eglises supprimées de Rouen : Saint-Pierre-du-Châtel, — Saint-Vigor, — Sainte-Croix-des-Pelletiers, — Saint-Denis, in-4o, 36 p., huit vues lithographiées. Rouen, Ch. Métérie, 1874.

UN

AVOCAT ROUENNAIS

AU XVIIIe SIÈCLE

D'après les Lettres inédites d'Auguste Le Chevalier, conservées
à la Bibliothèque publique de Rouen

1730-1744

PAR ALBERT SARRAZIN

Avocat à la Cour d'appel, membre de la Société française
d'Archéologie et de la Société Rouennaise de Bibliophiles.

ROUEN

A. LEBRUMENT, Ch. MÉTÉRIE, Successeur,

Libraire de la Bibliothèque publique de Rouen.

1876.

INTRODUCTION

L'étude biographique que nous publions aujourd'hui est une œuvre modeste, que nous venons soumettre aux amis de l'histoire normande, dans l'espoir qu'elle pourra jeter quelque lumière sur des temps peu éloignés de nous, il est vrai, mais dont les mœurs intimes sont encore peu connues, et pourront être plus sûrement appréciées.

Auguste Le Chevalier, notre héros, n'a guère qu'un seul titre aux honneurs de la publicité que nous lui donnons aujourd'hui, mais ce titre est suffisant. Il a laissé, en effet, douze volumes manuscrits, datés de 1730 à 1744. L'un d'eux, intitulé : Recueil de Lettres et d'Extraits, *contient ses lettres, adressées presque toutes à des amis. « On y trouve une foule de curieux détails sur divers événements qui se sont passés à Rouen, notamment sur l'incendie du couvent des Filles du Saint-Sacrement en 1738; sur la procession des captifs rachetés par les religieux Mathurins; sur*

*l'inondation de la ville en 1740 ; sur des
émeutes d'ouvriers et sur les mœurs de la
société rouennaise de cette époque*[1]. *Ce Recueil
renferme aussi un grand nombre de pièces
fugitives, en vers et en prose, dont la plupart
ne sont que des copies d'œuvres contempo-
raines ; elles ont cependant aussi un certain
intérêt au point de vue historique et littéraire.* »

Nous avons trouvé ces indications dans une
note[2] du manuscrit original que M. Ed.
Frère, le savant conservateur de la Bibliothèque publique de Rouen, avait mis autrefois
à notre disposition. C'est ce qui nous a engagé
à tirer parti de cette mine précieuse, qui pouvait devenir la source de nombreuses ri-
chesses.

Ce travail néanmoins, présentait plus d'une
difficulté, car, dans cette quantité de lettres,
dont beaucoup sont insignifiantes, nous avons

[1] *Ce manuscrit, qui est la base de notre travail, est
conservé à la Bibliothèque publique de Rouen, sous le
n° Y— 178.*

[2] *Reproduite par la* Biographie Normande, *art. Chevalier* (Le).

dû ne choisir que des passages réellement in-
téressants. Ces extraits ne formèrent, après le
dépouillement laborieux du manuscrit, qu'un
amas de notes confuses et sans suite. Nous les
avons classées sous différents titres, pour en
faire, en plusieurs parties, comme un tableau
général de la société rouennaise au XVIIIe
siècle. La publication de ces notes formera
le complément indispensable de notre étude
biographique.

Nous avons dû passer rapidement sur quelques pages d'un caractère trop délicat. En
cela, nous nous sommes approprié la devise
qu'on voit en tête de quelques vieux livres :
E spinis collige rosas. Dans l'œuvre de notre
jeune avocat, il y a, de fait, des épines et des
roses : nous avons laissé les épines et cueilli
avec empressement les roses, pour les offrir
aux Rouennais, qui sont curieux de leur histoire locale.

A. SARRAZIN.

Mont-aux-Malades, Juillet 1872

NOTICE BIOGRAPHIQUE.

I.

Auguste Le Chevalier, avocat au Parlement de Normandie, naquit à Rouen au commencement du dix-huitième siècle.

C'est là tout ce que nous apprend la *Biographie normande*, et nous avons cherché en vain, dans cette œuvre, quelques renseignements sur la jeunesse de notre héros. Nous nous efforcerons de restituer, avec les lettres qu'il a lui-même rédigées en forme de journal, des détails que nous ne saurions trouver ailleurs.

Une de ces lettres, datée du 16 novembre 1731, nous permet tout d'abord de fixer, d'une manière à peu près certaine, la date de sa naissance. Après avoir raconté une équipée de jeunesse, il ajoute : « . . . faire 60 lieües en trois jours . . . il n'y a guère qu'un jeune homme de vingt-deux ans qui en soit capable. » Nous en devons naturellement conclure qu'il naquit en 1709.

C'était voir le jour dans des temps bien durs. L'astre de Louis XIV, qui avait brillé d'un si vif éclat, pâlissait devant les désastres multipliés de nos armées ; la guerre et la famine désolaient le royaume, joignant leurs horreurs à celles d'un hiver excessivement rigoureux, dont Rouen, comme le reste de la France, n'a pas encore perdu le souvenir.

Nous voudrions pouvoir suivre notre jeune rouennais dans les premières années de sa jeunesse, au milieu de ces événements à la fois tristes et glorieux ; mais nous en sommes réduit, sur ce point, à de simples conjectures.

Sa famille, qui brillait dans la magistrature et le barreau, lui donna une solide éducation, les connaissances les plus variées, qui développèrent en lui ce goût littéraire si pur, cette critique ordinairement si juste, dont nous aurons souvent l'occasion de donner la preuve.

Après avoir terminé ses humanités, qu'il avait dû faire à Caën, Le Chevalier étudia le droit dans cette même ville. Il demeurait alors [1729] chez l'une de ses tantes. Ce fut dans ce même temps qu'il se lia intimement avec plu-

sieurs jeunes gens de son âge, surtout avec de
Secqueville, à qui bon nombre de ses lettres
sont adressées. Une sympathie réciproque et
le commerce habituel de la vie avaient formé
les liens de cette amitié qui devaient se res-
serrer chaque jour encore davantage, jusqu'au
moment où la mort vint les briser brusque-
ment.

Le Chevalier ayant achevé ses études de
droit fut reçu avocat en 1731 [1]. Lui-même
apprend à son ami de Secqueville par la lettre
suivante [2], et son succès, et le peu de goût qu'il
a pour les travaux du barreau :

« Je fus reçu avocat le 10. C'est une cérémonie qu'il a fallu essuïer pour faire plaisir à
mon père. Je ne me sens guère de goût pour
une profession si pénible, qui à le bien prendre
nous rend le valet du public. Un fameux avocat
me disoit l'autre jour qu'il ne l'auroit jamais
été si son père lui avoit seulement laissé 2,000
livres de rente. Mon père, de son côté, n'a pas

[1] Voir les *Avocats au Parlement de Normandie*, par
M. A. Decorde, p. 74. Paul-Auguste Le Chevalier figure
à l'année 1731.
[2] P. 34.

de goût à me donner de charge, et cela ne me fait point de peine du tout. Je vis pour moi-même. Je tâche de remplir avec l'étude de l'histoire et de la géographie tous les vuides qui se trouvent dans la vie. J'ai bien envie que vous veniez, afin que nous puissions ensemble nous fixer à quelque chose. Il faut avoir un but dans la vie et y accommoder toutes ses actions. »

Ce peu de goût que manifestait le jeune avocat n'a rien de bien étonnant. Ami des plaisirs, habitué aux agréments plus nombreux et plus attachants qu'on ne le suppose de la bonne société rouennaise de cette époque, il n'aurait pu que très-difficilement adopter les principes austères qui étaient en honneur à la maison paternelle. Il n'en conserva pas moins un goût prononcé pour les études littéraires, et surtout pour les auteurs latins, qu'il lisait et commentait souvent, et dont ses lettres contiennent de nombreuses citations. En cela, du moins, il pouvait s'inspirer directement des exemples de son père. Il nous a conservé de lui deux lettres, que nous prenons plaisir à citer intégralement, parce qu'elles nous font

connaître non-seulement les bons sentiments
de l'un, mais encore la supériorité d'esprit de
l'autre, et les résultats des fortes études de ce
temps, dont Rollin devait continuer les traditions, et dont il devait être la belle et durable
expression :

« Je copie [1], dit le fils, les deux lettres sui-
vantes, pour les garder toute ma vie. Elles me
rappelleront toujours les sentiments tendres
que mon père a eus pour moi. Il me les écrivit
après deux fautes que j'avois faittes. Outre
qu'elles sont écrites avec beaucoup d'esprit,
comme toutes ses lettres sont écrites (car
c'étoit un de ses talents de bien écrire) ; on y
voit son heureux caractaire :

« Je [2] vous aime mon cher fils, du meilleur
de mon cœur : Je n'impute qu'à votre âge les
sujets de plainte que vous m'avez donnez. Je
ne m'attendois pas à votre retour de Mar-
seille, de vous voir tant d'impatience de nous
quitter ; je croïois que mon amitié, et le besoin
de mes affaires vous auroient rendu plus at-
tentif à ce que je désirois. Je me persuadois

[1] P. 159.
[2] « A Roüen, le 30 septembre 1729. »

aussi que votre avantage personnel s'y trou-
voit et que vous auriez passé avec nous des
jours plus doux et plus tranquilles : Votre des-
tinée en a disposé autrement, je ne vous en
sçais point de mauvais gré, profitez seulement
du passé pour vous mieux conduire dans la
suite : Je ne demande rien davantage ; je serai
très content pourvû que les dernières fautes
vous fassent prendre un plan de vie qui vous
conduise à n'en plus commettre, j'ai lieu de
l'espérer par les bons sentiments où je vous
vois.

Si la vacance n'étoit pas sur sa fin, je
vous manderois de la venir passer icy, mais
elle est trop avancée, il ne faut plus penser
qu'à finir votre dernière année d'étude.....
Les jeunes gens doivent souffrir des plus âgez
et faire attention qu'il n'est plus en leur pouvoir de ne plus chicaner sur tout, de désa-
prouver tout, de contredire à tout, et de faire
des querelles sur tout. Ce n'est qu'à force
d'étude et de travail que l'on peut se garantir
d'être inquiet et de mauvaise humeur après
l'âge de 48 années. »

Cette lettre, en effet, montre bien un « heu-

reux caractaire, » de plus, il y a dans cette
citation complaisante du fils un sentiment de
piété filiale que nous nous plaisons à signaler.
La lecture de la seconde lettre n'est pas moins
attachante :

« [1] Mon fils deviendra tel que je le souhaite,
s'il veut lire et relire fréquemment les réflexions morales de l'Empereur M. Antonin,
les caractères d'Epictète, et le petit livre de
morale que j'ai joint aux deux premièrs : Ce
n'est que par une longue et fréquente médi-
tation de tant de maximes si belles et si admi-
rables que j'ai appris à être modéré et à sur-
monter ma colère ; qui peut s'accoutumer dès
la jeunesse à vaincre son premier emporte-
ment, vient à bout de toutes choses ; la colère
ne manque jamais de bannir la raison ; et pour
quelques moments d'une folie furieuse, on
s'apprête le sujet d'un très long repentir : il
faut hurler avec les loups et badiner avec les
autres bêtes ; la sagesse nous apprend à souf-

---

[1] P. 190. Celle-cy doit avoir été écrite près d'un an
auparavât, au sujet de ce qui m'arriva chez M. Aubry,
conseiller au Parlement de Paris, où j'avois passé la
vacance. (Note de Le Chevalier).

frir toutes les sottises des hommes; celui qui ne veut pas s'y soumettre, doit rester chez lui, et quitter la société civile : on est trop heureux lorsque le souvenir des fautes passées devient un motif de n'y plus retomber. Je vous embrasse mon cher fils; si vous êtes touché du désir de me plaire, apprenez à devenir sage, à connoître l'homme, à vous connoître vous-même et vous posséderez toutes mes affections. »

Voilà qui est sage et bien pensé. Sans doute, les « *réflexions morales de l'Empereur M. Antonin* et les *caractères d'Epictete* » étaient de nature à faire impression sur l'esprit du jeune homme, car les ouvrages sérieux avaient cours encore parmi la jeunesse et n'étaient point, comme de nos jours, le partage d'un petit nombre d'érudits. Nous doutons cependant que Le Chevalier ait toujours conformé sa conduite aux excellentes leçons qu'il y puisait. Il nous serait bien agréable de le présenter aux jeunes rouennais de notre temps, comme un modèle accompli, mais la vérité ne trouverait peut-être pas son compte à cet éloge.

On est réellement ému en parcourant les

lettres intimes de notre avocat, de voir re-
vivre, pour ainsi dire, toute une génération qui
a disparu. A cette époque, l'immoralité et
l'insubordination pénétraient dans le sein des
meilleures familles, et l'on voyait déjà se dé-
velopper rapidement, quoique en silence, les
germes de la philosophie railleuse, de l'a-
théisme et de l'immoralité. Le matérialisme
s'installait dans toutes les branches de l'art ;
la corruption s'affichait jusque sur les places
publiques, et les princes, selon l'expression
d'un historien moderne, encourageaient par
leur exemple, à fouler aux pieds le frein salu-
taire de la morale et de la religion. Ces déplo-
rables exemples ne s'imposaient que trop aux
différentes classes de la société, et nous n'éton-
nerons personne en disant qu'elles exerçaient
sur la jeunesse une funeste influence. Nous
avons pu le constater souvent en parcourant
ces lettres, que Le Chevalier adressait alors
à ses amis, et dont la lecture nous a inspiré la
pensée de ce travail.

Sans doute, si nous n'étions poussé que par
une vaine curiosité, ce serait chose futile, et
peut-être coupable, que de remuer ainsi la

2

poussière des siècles passés ; mais cette étude
de la société rouennaise, faite à l'aide de documents incontestables, sera peut-être pour le
lecteur l'occasion de quelques réflexions utiles
et salutaires. Dans tous les cas, elle mettra en
lumière une page encore inédite de notre histoire locale, en même temps qu'elle nous par-
lera de ceux qui sont nos ancêtres et qui habi-
tèrent, il y a plus d'un siècle, la vieille cité
normande.

Suivons donc notre jeune avocat dans les
cercles et réunions de la ville.

II.

Le spectacle ne manque pas d'originalité.
On s'amusait alors, quoique les jeux de société
ne fussent pas semblables aux nôtres. On
donnait à la fois bals publics et représentations théâtrales aux bonnes fêtes. Il y a
bien dans ces divertissements quelque chose
d'antique et d'un peu fané, mais ce cachet
particulier ne manque pas de charmes.

Les dames, on le pense bien, rivalisaient de
parures et de bijoux. Nos modistes en renom
pourraient retrouver des toilettes dont le
détail les frapperait d'étonnement. Une de ces
élégantes se fit surtout remarquer pendant
l'hiver de 1731. C'est ce que nous apprend
une lettre de la même année [1] : « M⁰ de Vierme
doit rester icy jusqu'à Paques après quoi elle
ira demeurer à Paris. Elle fut à la commédie
le vendredy suivant ornée de tous ses joïaux :
de girandoles magnifiques, une aigrette : un
collier de velours noir avec une rose de dia-

[1] A M. de Boisnormand, 31 déc. 1731, p. 116.

mans : des bracelets de même : sa robe de velours ciselé de fleurs naturelles d'ou sortoient des fleurs d'or et d'argent étoit superbe, elle valloit plus de deux mille livres, l'aune revenant à..... »

Ces dames se donnaient, de temps en temps, le plaisir de faire manquer quelque représentation. Elles s'entendaient à merveille, quand l'amour-propre se mettait de la partie. Ainsi, nous voyons[1] que, dans cette année 1731, « on n'a été qu'à un bal public de la Comédie. Ce fut à celui de Ghérardi. Les dames aimèrent mieux s'ennuier chez elles que d'aller aux autres, et cela pour avoir le plaisir de faire enrager Pélissier. Elles n'y réussirent que trop bien. Le malheureux y fut pour les frais qu'il avoit faits. Personne ne lui porta son écu. La P. Présidente étoit à la tête de la conjuration, elle vouloit se vanger de ce que Pélissier avoit emploïé l'autorité de Mr de Luxembourg pour empêcher la représentation du Triomphe de l'intérêt, qu'elle avoit

---

[1] Lettre adressée à de Secqueville, le 8 fév. 1731, p. 6.

demandé aux comédiens[1]. Le P. Président se
mit de la partie, et pour contrecarrer M. le
Gouverneur, il défendit le jeu qui valloit à
Pélissier plus de deux cens écus par Bal, et
fit représenter le lundy gras la pièce en ques-
tion; c'est l'histoire de la Pélissier avec le
chevallier Ducis fameux marchand juif d'Am-
sterdam : on y joüe aussi le Curé de St.-Sul-
pice, le Controlleur général et quelques ac-
trices de l'opéra et de la comédie. »

La pièce n'était certainement pas un chef-
d'œuvre. Cependant le public rouennais était
assez difficile, et nous voyons que les direc-
teurs de la Comédie se plaignaient souvent
de sa sévérité pour les acteurs, sévérité qui
n'avait d'autre effet que de les décourager
et priver le théâtre de plusieurs pièces qui
auraient pu réussir. Les « Commediens »
rouennais devaient recevoir plus d'encoura-
gements que les auteurs, car ils sortaient souvent et se rendaient dans des villes assez
éloignées de Rouen. En 1731 ils étaient à

[1] Le Triomphe de l'intérêt, comédie italienne où l'on a
joüé la Pélissier. (Note de Le Chevalier).

Orléans[1] et ils ne revinrent que pour jouer
devant M[r] et Me de Luxembourg, et devant
les comtes de Charolais et de Clermont, qui
avaient amené de leur côté l'opéra de Paris.

Un peu plus tard, nous apprenons l'arrivée
d'une fameuse cantatrice qui vint se faire ap-
plaudir à Rouen. Laissons Le Chevalier parler
à un ami[2] : « Cette semaine, mon cher ami,
est ordinairement un temps de pénitence. Elle
a été pour nous un surcroît de plaisir. Mlle
Sylvia, de la Comédie Italienne nous est venu
faire part de ses talens. C'est une actrice admirable, excellente, inimitable. Je crois sans
peine ce que l'on dit, qu'il n'y a point dans
l'Europe d'actrice de sa force. Mais il est bien
rare de trouver quelqu'un parfait de tout point.
Mlle Sylvia en est un exemple : quelques dé-
fauts obscurcissent ses talens. Elle a quarante
cinq ans ; c'est trop vieux pour le théâtre.
Elle est bien faite, mais elle est laide et d'une
laideur un peu choquante, tout cela blesse les
yeux et fait tort à une actrice. Si vous en ôtez

[1] P. 29.
[2] A M. Dericq de Chasseguay : de Roüen, le 29 mars
1738, p. 229.

cela elle est parfaite. On lui a donné cent pistoles pour son voïage. La Gautier a du être
contente, car le spectacle a été beaucoup suivi.
En mon particulier je n'en suis point sorti.
Et les dames qui jusques là n'avoient eu de
goût que pour le jeu abandonnèrent en faveur
de Mlle Sylvia, piquet, quadrille, brelan [1],
enfin jusqu'au médiateur qui semble avoir
englouti tous les autres jeux et qui est à présent dans la force de son règne. »

Malgré cette ardeur et cet entraînement général qui portaient l'élite de la population vers
le théâtre, les curiosités de second ordre
n'étaient pas accueillies avec moins de plaisir.
On allait volontiers admirer les « raretez »
qui étaient exhibées de temps en temps. Il y
a une naïveté singulière dans cet empressement. Un jour, c'est un homme extraordinaire
qui exécute les tours les plus surprenants :
« J'allé voir, dit le Chevalier [2], sur la fin du
mois dernier, un homme qui lève une pierre
de 3oo avec les cheveux. Il fait mettre une

[1] Jeux alors en vogue.
[2] P. 7.

enclume de maréchal sur sa poitrine et laisse
forger par deux maréchaux un fer à cheval.
Deux hommes des plus forts ne peuvent l'empêcher de boire ; il rompt une corde que deux
et trois chevaux ne pourroient rompre &c.
C'est un Lorrain fort petit, qui ne paraît avoir
aucune vigueur. Tous ses tours consistent
dans l'adresse. »

Un autre jour, c'est une curieuse pièce de
mécanique : « Je vous attends, écrit-il à ¹ un
ami, pour aller voir des raretez qu'on montre
en cette ville. C'est un tableau mouvant représentant l'histoire de Phaëton, pièce de
mécanique. Ce sont, un chien composé de
sept especes différentes, un enfant avec deux
tetes, quatre bras &c. plusieurs animaux
étrangers, conservés dans de l'esprit de vin,
et un enfant de sept ans qui paroit en avoir
vingt. »

Voilà qui était sans doute bien merveilleux
et bien digne d'exciter l'admiration des bons
bourgeois, voire même des avocats. On peut

¹ A M. le Couteulx de la Noraye le 13 juillet 1736.
de Roüen, p. 199.

supposer que ces montreurs de curiosités se
succédaient assez fréquemment. Le Chevalier
se plaît à relater leur passage et admire beaucoup leur adresse : « Ce n'est pas une chose
nouvelle, dit-il [1], que des hommes aïent exercé
leur corps à différens tours d'adresse, d'équi-
libre et de légèreté. On a vu dans ce genre
plusieurs choses surprenantes dans les premières représentations, et qui ont cessé de
l'être en devenant communes. Mais des tours
qui ne le deviendront jamais et qui surpren-
dront toujours, ce sont ceux d'un anglois qui
nous arriva le 3. de mars. Il s'appelle Fer-
gusson, agé de trente cinq ans, de taille un
peu au dessous de la médiocre et de corpo-
rance fort mince. Il se fait un nœud de cravate
de son pied. Il le met sur sa tete et tourne sur
l'autre pied en cette posture. De dessus deux
chaises il ramasse en arriere une piece de
monnoie à terre. . . . . . Le Roi d'Angleterre l'a fait peindre dans toutes ces différentes attitudes et en a fait dresser un procès
verbal de peur que ceux qui viendront après

[1] A M. Dericq de Chasseguay en sa terre de Chasseguay
près Mortain, de Roüen le 28 mars 1738, p. 285.

nous ne traitent de fable ce qu'on en pourra
écrire. Cet homme boit beaucoup d'huile, et
pour entretenir toujours son corps souple il
s'exerce souvent jusqu'à se relever la nuit.
L'on voit ses tours avec admiration, mais
avec peine, car la nature ne peut s'empêcher
de soufrir. Il a avec lui un compagnon qui
délasse un peu l'esprit par des danses extrêmement légères et délicates. Le dançeur cause
moins de surprise à la vérité, mais il donne
un plaisir plus tranquille et plus doux. Ils ne
resteront icy qu'environ quinze jours ; ils
mêlent ces tours de divertissemens différens,
comme dançes, pièces pantomines, et sauts
périlleux que fait un autre anglois d'une gros-
seur peu commune et qui malgré sa taille est
pourtant fort léger. »

Les curiosités alternaient. Quelques années
plus tard on fit voir, à Rouen, une machine
curieuse représentant un opéra complet que
tous allèrent admirer et que notre avocat
prend la peine de décrire avec une scrupu-
leuse exactitude [1]. Les réflexions par lesquelles

[1] P. 261 et suiv.

il termine sont sensées et prouvent qu'il ne se
laissait pas éblouir par le magnifique pro-
gramme du machiniste, mais qu'il savait y
apporter les restrictions nécessaires.

Le théâtre d'un côté, les raretés et curiosités de l'autre, c'en était assez pour animer
la ville. Il fallait bien qu'on pût trouver le soir
quelques réunions agréables car les rues, en
général, n'avaient rien qui captivât les regards,
puisqu'en 1775, c'est-à-dire plus de quarante
ans après, elles n'étaient encore éclairées que
pendant six mois de l'année. Elles étaient
même peu sûres pendant la nuit et souvent
elles devenaient le théâtre de drames noc-
turnes qui ne contribuaient pas à rassurer les
timides habitants.

Le Chevalier rapporte quelques-uns de
ces accidents : « Sur la fin du mois dernier [1], on trouva dans la place de St.-Oüen
d'icy une femme assassinée : depuis on a
toujours entendu du vacarme dans les rues :
il y a eu des vitres cassées, des marteaux
arrachez etc. On a aussi enfoncé quelques
boutiques que l'on a volées, ce qui fait soup-

[1] « A Caën, à Secqueville, le 4 avril 1731. »

çonner qu'il court dans la ville des voleurs
meslez avec la jeunesse. . . . . . La nuit
du 19. au 20. Madᵉ. Magnan orfevre pensa
etre volée. On avoit démaconné toutes les
pierres du devant de la boutique pour y entrer.
On m'a dit que la nuit suivante il y avoit eu
des tentatives de faites pour voler Madᵉ. de la
Bucaille par les balcons qui donnent sur la
place St.-Oüen. Plusieurs personnes ont été
dévalisées le soir dans la rue, de sorte que
l'on a du faire marcher le guet la nuit dernière,
et qu'on en veut établir un pour la sureté publique. »

Pendant que les rues étaient désertes et
livrées aux entreprises des voleurs de nuit, les
salons se remplissaient d'une foule élégante.
Les jeux étaient aussitôt organisés et on s'y
livrait avec ardeur. Nous les retrouvons souvent [1] : « Le Quadrille, ce jeu si chéri de nos
Dames, a pris de nouveaux embellissemens.
On ne le joüe plus simple, ni à l'enchère que
dans peu d'endroits. C'est le médiateur qui
est en règne et qui a ralenti pour quelque
tems les brelans et les piquets. »

[1] P. 399, 27 janvier 1740.

Tout ce monde était, (les choses n'ont pas changé depuis), soumis à l'empire tyrannique de la mode. L'extrait suivant [1] nous en fournit une preuve bien convaincante : « Nous faisons force lansquenets et pharaons. Cela sent les approches du Carnaval. M'. de l'Etoile a déjà donné quatre ou cinq assemblées de dance ; mais on ne reçoit à la porte que les habits de velours aussi tout le monde en a-t-il aujourd'hui, et l'on n'oseroit se montrer sans cela. J'en sais quelques uns qui n'auroient pas assez de deux années de leur revenu pour achepter un habit de drap, qui ne laissent pas de se mettre en velours. B. Las. B. S. tout cela porte velours. Ils soutiennent même si bien l'éclat de leur habit qu'ils ne daignent ni saluer ceux qui sont d'un autre plumage, ni leur parler. Malheur aujourd'hui à qui n'est pas assez riche ou assez glorieux. On reçoit bien des mortifications quand on est reduit à porter le drap. C'est ce qui a si fort augmenté la classe des veloutez. »

Ces détails ne sont-ils pas piquants ? Ajoutez

[1] P. 389, 27 janvier 1740.

à cela que parfois, quand on ne jouait pas où qu'on était fatigué du jeu, les conversations languissaient et l'ennui gagnait tout le monde. Voici justement une scène d'intérieur, prise dans un salon rouennais de ce temps, et qui semble avoir été écrite pour nous : « Je [1] vais vous faire part de ce que j'ai vû il n'y a pas longtemps dans une compagnie où il y avoit plusieurs jeunes dames et demoiselles. On parloit d'ajustemens, lorsqu'il entra un grave Conseiller de Grand Chambre. Il parla fort sensément des motifs de la guerre présente, des dispositions de l'Angleterre et de l'Espagne ; il raconta quelques particularitez historiques fort intéressantes. Toutes les dames bailloient sous leur éventail. A cette visite succéda un jeune officier qui trouvant au cercle un air triste essaïa de l'égaïer. Il fit mille étourderies, il dit autant de sottises, il se donna la torture pour être amusant, et malgré tout cela il devint à charge à tout le monde. Il fut obligé de céder à un autre l'honneur d'amuser tout le cercle. Ce dernier venu ne

[1] A M. Denicq de Chasseguay, 27 janvier 1740, p. 401.

fit pourtant pas grans frais. Il raconta quelques historiettes gaïes. Il apprit quelques vau-
devilles nouveaux. Chacun lui fit la cour pour
les avoir. On apporte une table pour les écrire.
Cette table fut un nouveau théâtre où il brilla.
Il mit un écu sous un flambeau. Après plusieurs opérations magiques, il dit à quelcun
de la compagnie de regarder sous le flambeau,
ce qui aïant été fait l'écu se trouva hors de
dessous le flambeau sans qu'il y eut touché.
De trois jettons mis sur une même ligne, il
proposa d'ôter du milieu celui qui y étoit sans
y toucher. Tout le monde regardant cela
comme impossible, il mit un de ceux des bouts
à l'autre bout...... Tout cela paraît bien
fade à lire ; mais l'exécution n'est pas de même.
Il faut bien que cela ait quelque chose d'amusant, puisqu'autant qu'il dura personne ne
s'ennuïa. Concluez en si vous voulez qu'il
ne faut que des bagatelles pour amuser les
femmes. »

La conclusion ne serait pas aimable, aussi
nous ne voulons pas l'adopter. Nous devons
avouer cependant, qu'il ne fallait pas de
grands efforts d'imagination pour amuser

cette société. Quoiqu'il en soit, il est assez
curieux de rechercher quelle impression cette
vie dissipée produisait sur notre jeune avocat.

III.

De tels plaisirs ne pouvaient satisfaire un
cœur naturellement noble et généreux ; ils
pouvaient tout au plus l'étourdir et le fati-
guer, aussi Le Chevalier reportait-il souvent
sa pensée sur des objets plus élevés. « Le
tracas du monde, ses plaisirs, son tumulte,
mandait-il [1] à un religieux avec lequel il pa-
rait avoir eu quelques rapports intimes, tout
cela n'a rien qui puisse vous amuser : Vous
avez bien raison, ils ne me divertissent guère
non plus. Je leur préférerois une agréable retraite. « Sed cum hac distinctione. » Comme
les sentiments de l'homme sont bien incer-
tains. « Quod petiit spernit, repetit quod nu-
per omisit, » je ne voudrais pas courir le risque
de me repentir toute ma vie si le goût me chan-
geoit. Je voudrois toujours la liberté de suivre
le penchant qui me domineroit. Il y auroit
pourtant un inconvénient que vous n'avez

[1] P. 39. Au Rév. Père Laisné, Religieux Prémontré
de la Luzerne, proche Granville, le 22 juillet 1731.

3

point dans vos communautez. En suivant les caprices de l'esprit on risqueroit de mener une vie bien turbulente. C'est pourquoi je ne blâme point ceux qui se fixent et qui se laissent plutôt gouverner par la raison et par la règle que par l'inclination. Voilà une morale que je n'aurois pas voulu vous apprendre il y a deux ou trois ans. Je ne voudrais pas même que le père Desmezerais la vît aujourd'hui, j'aime trop Secqueville... Les pères sont des trouble-fêtes : ainsi, grâce à lui et à mon peu de bonheur, je passerai ma vacance pour la première fois *in suprema Normannia*. Je n'y ai pas beaucoup de connoissances, aussi je compte m'ennuyer raisonnablement. Songez un peu à moi dans vos prières, envoyez-moi les plaisirs que vous aurez de trop. »

Ces lignes furent probablement écrites dans un moment de calme et de réflexion. Peut-être aussi le souvenir de ce bon religieux lui rappelait-il les années de sa jeunesse et faisait-il surgir en lui ces lointaines réminiscences qui font tressaillir les âmes bien nées. Il y a bien des choses renfermées dans ces simples mots : *Voilà une morale que je n'aurois pas*

voulu vous apprendre il y a deux ou trois ans.
Quoiqu'il en soit, le naturel revient vite, malgré la teinte de mélancolie que l'on peut
saisir.

Un peu plus tard il faisait à peu près les
mêmes confidences [1] à une dame : « Quelque
part que j'aille icy, je ne vois que des personnes qui m'ennuient. De dépit, j'ai été passer
cinq jours à la campagne et je m'y suis bien
diverti, mais, à mon retour, l'ennui est revenu
comme auparavant. C'est pourquoi je vous
prie de m'envoyer le *Roman comique*, j'ai envie d'essayer ce remède. S'il ne réussit point.
il faudra recourir à l'autre. »

La même expression de fatigue et d'ennui
se retrouve dans une lettre piquante d'intérêt
adressée à son ami de Boisnormand : [2]

« Quem fugis, ah demens, habitarunt dî
quoque sylvas, Dardanius que Paris, Pallas
quas condidit arces, ipsa colat, nobis placeant
ante omnia silvæ. »

---

[1] Page 201.

[2] Page 48. A M. de Boisnormand, chez M. de Bolconte,
Conseiller au Parlement, en sa terre de Boisnormand,
proche Elbeuf. De Rouen, le 7 aoust 1731.

Vous voyez par ce début, mon cher ami,
que je vous écris de mon cabinet en traduc-
teur de bouquins latins. C'est un plaisir que
je quitterois de bon cœur pour aller promener
mes yeux à la campagne. Ils sont ennuiiez de
la ville et moi aussi. J'aimerois mieux une
jeune bergère bien gentille qui rougit et repond
innocemment à nos demandes que toutes nos
coquettes de Rouen qui ne rougissent souvent que de notre timidité. Vos païsans tout
rustiques et grossiers me choquent moins
que des petits maîtres composez. Enfin, c'est
mon goût que la campagne, et peut-être ne
l'est-il que parce que je n'y suis point. Je m'y
suis ennuïé quelquefois et je crois que je m'y
ennuierois encore autant que vous si je n'avois
ni livres, ni chasse, ni compagnie, ni promenade... Je ne puis vous envoyer *Don Qui-
chotte* par la raison que je ne l'ai point. Vous
savez qu'ils ne sont pas à moi, un fils n'a rien
qui ne soit à son père. Je vous les recom-
mande peur d'être recommandé moi-même.
« Pater enim librorum studiosissimus est, et
clam mitto. »

Nous regrettons cette abondance de cita-

tions, mais nous pensons que dans une étude
de cette nature où notre appréciation person-
nelle est souvent en jeu, elles concourent bien
plus efficacement à faire connaître et le caractère de celui qu'elles mettent en scène et les
mœurs du siècle auquel il appartient. Au
reste, il ne faut pas croire que Le Chevalier
ne parle que de son intérieur. Parmi ces détails intimes disséminés dans sa correspondance, nous trouvons souvent des nouvelles
intéressantes. Il prend à tâche, pour ainsi
dire, d'instruire son ami de Secqueville et les
autres, des événements qu'on apprend bien
plus tôt à Rouen qu'à Caen. Nous en pouvons
donner un exemple. On verra par là quel cas
il faisait de l'art médical dans le traitement
de la petite vérole qui sévissait alors :

« ... Le roi fait une réforme de cinquante
mile hommes... Il y a eu un incendie à Ville-
neuve, en Franche-Comté, un autre à Chàlons
et à Troïes en Champagne... On est sur le point
de descendre la châsse de Sainte-Geneviève
pour avoir de l'eau... La petite vérole fait
toujours bien du ravage à Paris. Les méde-
cins en tuent autant qu'ils en entreprennent.

Ils donnent d'abord l'émétique et seignent ensuite douze ou quinze fois, et moiennant cela les malades meurent dans peu de jours. Enfin il ne réchappe que ceux qui ne veulent point de médecin, ou qui se font traiter à l'ancienne mode. »

Parfois ce sont des nouvelles locales qu'il raconte avec une gaieté malicieuse : « Le lieutenant de Gaillefontaine et Monsieur de Rouen *quem nosti* ont pris chacun une des demoiselles Grente communément appelées les filles à maître Jaques ; j'entends qu'ils les ont prises *in legitimo matrimonio* et non autrement. Vous savez que ce sont les filles d'un pauvre paisan qu'une succession a enrichi, et qu'elles sont trois. Maître Jaques qui a beaucoup plus l'air d'un valet d'écurie que d'un laboureur de 10,000 livres de rente, se promène encore assez souvent dans les rues à califourchon sur un asne que sa femme chasse... »

« Mme d'Arnemont, notre voisine *in via Sti-Laurenti,* mit au monde, vendredy 27, à une heure après midy, une fille, « magnis ejulatibus » elle ne se contraignit point. *Puerula baptisata fuit* le 28, à neuf heures et demie du soir *cum magnifico apparatu multùm sonantibus tintinnabulis et timpanis,* avec un concert de violons et de basses *et magno concursu populi.* Elle fut appelée *Marie, Yves, Barthelemi.* La comtesse du Bolhar la nommoit avec M. de Saint-Ouen. »

Sa verve, par malheur, s'exerçait plus amèrement dans un autre ordre de choses. Nous la trouvons souvent malveillante et injuste. Aussi ne parlerons-nous pas des lettres dans lesquelles il fait allusion à la persécution dirigée contre les Jésuites.

Ces lettres d'ailleurs se rapportant à quelques faits qui n'ont rien de local, nous entraîneraient à des développements étrangers à la pensée qui nous a inspiré ce travail.

Nous nous bornerons à constater, comme détail de mœurs et d'histoire, qu'à propos d'un procès dont on faisait autant de bruit à Rouen qu'à Paris, on répandit des copies d'une chanson [1] que les cercles s'arrachaient. On fit également paraître dans le même lemps des *factums* [2] qu'on vendait d'abord cent sols

---

[1] Page 61.
[2] Gravures grotesques.

et qui montèrent ensuite jusqu'au prix d'un louis. Le Chevalier a au moins la bonne foi de les juger avec impartialité : « Ils sont curieux, dit-il, mais abominables. » Quant à la chanson « où il y a plus de sottises que d'esprit », elle fut faite à Rouen et on l'attribua à M. de Claville.

Il ne faudrait pas croire que l'antipathie qu'on témoignait aux Jésuites fût universelle. Nous croyons devoir citer à ce sujet, comme intéressant l'histoire locale, la lettre suivante que de Secqueville adressait, en 1730, à notre avocat[1] : « La dévotion n'est pas moins grande à présent icy, qu'elle l'étoit pendant la mission. Les Jésuites font la canonisation de deux de leurs confrères que l'on nomme Louis de Gonzague et Stanislas Kostka, qui sont morts tous deux en faisant leur noviciat, sur quoi on leur a fait chacun une inscription dont voici les termes : *Deus properavit eum educere e medio iniquitatum.* Et l'autre : *Raptus est ne malitia mutaret ejus intellectum.* Chacun est si occupé à aller en-

[1] Page 185. Lettre que mon ami de Secqueville m'écrivit de Caën, le 12 novembre 1730.

tendre les sermons, suivre les processions, à
rendre leurs devoirs aux deux saints qui sont
représentez en cire dans le milieu de l'Eglise,
faute de leur avoir encore trouvé de niche
pour les placer, on cherche quelque bonne
âme qui en veuille faire la dépense : l'on est,
dis-je, si occupé que l'on ne trouve pas une
maison où l'on puisse aller passer quelques
momens. Les Jésuites font tous les jours trois
décharges de toute leur artillerie : M. de Luy-
nes est le premier acteur dans tout cela. Je
ne finirois pas si j'entreprenois de décrire
toute leur canonisation. »

La fameuse querelle des Jansénistes ne faisait pas moins de bruit à Rouen. Nous possé-
dons des extraits nombreux qui ne sont pas
dénués d'intérêt, mais que les proportions
restreintes de cette étude ne nous permettent
pas d'insérer. Le Chevalier parle beaucoup
des miracles et des choses extraordinaires qui
survinrent à la mort du diacre Pâris, mais il
règne dans ses lettes un ton ironique qui montre bien son indifférence réelle et le peu de cas
qu'il faisait de ces prétendues merveilles.

Le père de Le Chevalier, était loin d'auto-

riser la correspondance quelquefois très-légère
de son fils. Nous en avons la preuve dans les
recommandations réitérées que ce dernier faisait à ses amis de ne point lui renvoyer ouver-
tement les livres qui chargeaient les Jésuites :
« Quand vous me renverrez mes livres, dit-il,
faites attention que tous ceux qui parlent mal
des Jésuittes sont deffendus. » C'était en ca-
chette, qu'il parvenait à se procurer les pam-
phlets violents et les épigrammes mordantes
qui venaient de la capitale ou qui étaient com-
posés par des rouennais. On se figure diffici-
lement avec quelle rapidité ces pièces étaient
répandues et avec quelle avidité on les recherchait pour lés communiquer à ses amis.

Quoi qu'il en soit, le genre de vie qu'avait
embrassé Le Chevalier ne le disposait pas à
suivre activement les exercices de sa profession. Cependant la répugnance assez vive
qu'il avait d'abord manifestée, dut peu à peu
disparaître, car nous trouvons plus tard cette
invitation adressée à son cher de Secqueville[1] :
« Voici la St. Martin qui est le rendez-vous
général de cette ville. Les combats de Barreau

[1] P. 94-95.

ont commencé, et ces commencemens ne vous
seront pas inutiles. » Ces combats avaient
assez d'intérêt pour lui, et cet intérêt était
parfois porté jusqu'à l'enthousiasme. C'est ce
qui arriva lors du procès de Madame de Martainville, dont il raconte les péripéties à un
ami. On peut voir par là avec quel empressement le public assistait aux séances solen-
nelles du palais et recherchait les émotions des
grandes luttes judiciaires : « Le Vendredy 3ᵉ
jour de juin, fut jugée la cause de Maᵈᵉ de
Martainville qui obtint la séparation de corps
et de biens qu'elle demandoit. Depuis longtems on n'avoit vû une pareille affluence de
monde. La cinquantaine y fut mandée pour
maintenir l'ordre. Il y avoit du monde dès
cinq heures de matin pour retenir des places.
L'audience monta à huit heures et demie. Un
moment auparavant Mᵉ Thuar qui avoit deffendu avec beaucoup de force la cause de
Maᵈᵉ de Martainville, étant venu prendre sa
place dans le barreau fut reçu avec les batte-
mens de mains et les applaudissemens de toute
l'assemblée. Mʳ le Baillif avocat général qui
discuta l'affaire avec beaucoup d'éloquence

reçut après avoir pris ses conclusions qui
alloient à la séparation de grandes marques
de la bienveillance du public. Les juges furent
plus de deux heures à opiner dans la Chambre
du Conseil et quoiqu'il fût fort tard personne
ne voulut sortir. Lorsqu'à deux heures après
midy l'on vint prononcer l'arrêt, à peine eut-on
entendu les premières parolles que le public
ne pouvant contenir sa joie, éclata avec tant
de véhémence que le Président eut beaucoup
de peine à achever. Il est étonnant de voir
l'affection que l'on a témoigné à Ma^{de} de Martainville la pluspart sans la connoître. »

Quoiqu'il en soit de cet intérêt que Le Chevalier semble avoir pris souvent aux affaires
du barreau, nous ne voyons pas qu'il y ait
jamais pris une part active. Par malheur,
nous n'avons pu le suivre bien longtemps, car
ses lettres ne dépassent point l'année 1740 et
n'embrassent guère qu'une dizaine d'années.
Les renseignements que nous y avons puisés,
quoique bien insuffisants, nous ont encore
fourni quelques détails curieux sur ses amis et
sur sa famille. Nous terminons, à dessein, par
ces pages plus confidentielles et plus intimes.

IV.

Les amitiés que Le Chevalier entretenait
étaient, nous l'avons déjà dit, nombreuses
et fort bien placées. Un de ses amis, d'Ifs,
jeune gentilhomme de Basse-Normandie était
assez bon poète. Il lui envoya une épitre en
vers, dont une partie pourrait être intitulée
assez justement : *Les Fâcheux de Rouen.*[1]
Notre avocat se trouvait honoré de cette correspondance, aussi ses lettres sont-elles toujours tendres et affectueuses : « La lettre que
vous m'écrivîtes, lui mande-t-il[2], touchant la
prétendue possession des D^elles de Leoparti, et
touchant la vie de Mr de Thou traduite par
M. votre père me fit un plaisir infini. Elle a
passé entre les mains de plus de 20. personnes
qui en ont pris des copies, et je reçus en mon
particulier beaucoup d'honneur d'être en com-
merce de lettres |avec une personne qui écrit
si bien. »

[1] V. Correspondance, p. 102.
[2] P. 2o3, à M^r d'Ifs.

D'Ifs réunissait alors une société d'élite, dans laquelle se trouvaient le célèbre Helvétius et plusieurs autres écrivains en renom. Nous avons trouvé une lettre qu'il écrivit à Le Chevalier pour le prier de venir passer quelque temps avec lui afin « de distraire sa mélancolie. » Cette invitation est faite avec un empressement qui montre bien la sincérité de son affection. Après lui avoir donné mille assurances de son amitié, il ajoute [1] : « J'aspire à vous voir icy et à passer ensemble de ces délicieux momens qu'une littérature agréable, une conversation enjoüée, des plaisirs tranquilles, choisis et délicats peuvent donner à deux amis, et à une compagnie où règne la liberté. Je vous ferois facilement un eloge vrai des agrémens qu'on peut trouver ici et aux environs; j'aime mieux que vous le fassiez vous meme en connoissance de cause,..... prenez vos arrangemens et venez passer le printems et l'été dans ces retraites...... Je vous ferai faire connoissance avec de bons cœurs et de grands esprits tout

---

[1] Copie d'une lettre de mon ami d'Ifs du 30 décembre 1737, p. 249.

ensemble, en un mot pour dire la vérité avec
quelque air de vanité, avec des gens dignes de
vous et de moi. Helvetius fils du Conseiller
d'Etat Premier médecin de la reine, jeune
homme de 22. ans aussi parfait d'esprit que
de corps et c'est le plus bel homme du monde ;
qui est directeur et qui l'année prochaine sera
fermier général est mon intime ami : peut être
en avez vous entendu parler : aussi grand philosophe que bon mathematicien, il a composé
sur ces deux sciences ; tres bon Poete il a fait
une tragedie et travaille à une autre ; infati-
gable dans l'étude et le travail ; gai, agréable
dans la conversation, ami de Volterre , de
Dauchet, de Fontenelle, de l'abbé de Molieres,
de Mᵣ de la Chaussée et en commerce avec
eux ; il est feté de tout Caën et à sa réception
comme surnumeraire à l'academie de Caën ;
il vient de lire un discours bien au dessus de
tous les pareils. Il vint me voir cet été avec un
abbé Turpin que vous avez pû voir à Caën,
mais qui a tellement changé qu'à 25. ans il est
professeur , bon philosofe , grand Poëte et
extrêmement amusant et galant. Ils avoient
avec eux encore un de mes amis nommé

Montmirel gentilhomme du païs de Caux,
autre prodige agé de 19. ans, esprit solide et
le plus grand Philosofe du monde, poëte et
amateur de toutes les belles lettres, et qui a
composé et soutenu seul ses theses de droit
à Caën, chose inouïe dans cette ville, aussi
reçut-il bien des applaudissemens sutout de
M' votre Premier Président qui étoit présent.
Voila mes amis à moi indigne, mais je voudrois
qu'ils fussent les votres, cela seroit mieux
placé : le caractère vous associeroit avec eux
autant que l'esprit; c'est par là qu'ils me
souffrent et m'aiment. Je leur ai parlé de vous
et montré de vos lettres qui vous ont fait de-
sirer pour cinquième. Ne verrons nous jamais
cela qu'en perspective ? Adieu mon cher
ami, etc... »

Il est assez curieux de rapprocher, d'une
invitation aussi flatteuse, la réponse que fit
Le Chevalier. Loin de partager l'enthousiasme
de son ami pour Helvetius, qu'il avait vu à
Rouen et qu'il n'avait pas jugé aussi avanta-
geusement : « J'ai reçu vos deux lettres, lui
mande-t-il[1], c'est-à-dire deux plaisirs infinis.

[1] A M' d'Ifs en sa terre le 26 fev. 1738, p.251.

La première arriva lorsque je venois de vous
écrire, et lorsque je cherchois à vous prévenir
j'eus la satisfaction de voir que vous aviez eu
la meme attention de votre coté. Vous m'y
faites un détail exact de vos plaisirs. A vous
entendre Ifs est un nouveau Parnasse, c'est un
séjour charmant où l'esprit et le cœur trouvent
à se satisfaire, vous y rassemblez des amis dont
vous exagerez le mérite, marque bien obli-
geante de votre amitié de chercher par une peinture aussi flateuse à me déterminer de vous
aller voir. Les plaisirs que vous me marquez
mon cher ami, me flattent infiniment, mais
beaucoup moins que la satisfaction de vous
posséder, et si jamais je vais à Ifs ce ne sera
point pour y chercher d'autres personnes que
vous. Il est étonnant et j'ai de la peine à le croire
que vous puissiez dans une campagne vous
former une société plus amusante que moi
dans le sein d'une grande ville au milieu de
plus de cent quarante mille ames. Aussi je
pense que vous grossissez les objets. J'ai vu
ici Mr Helvetius dont vous parlez, j'ai mangé
deux ou trois fois avec lui chez Mr Duplex où
il étoit logé, il a resté quelque tems à Roüen et

4

n'y a reçu des complimens que sur sa figure.
Il ne fesoit point parade de tous les talens que
vous lui donnez, ou il ne les avoit pas alors,
ou bien il les cachoit. Je me plairois beaucoup
plus avec Mr de Bursart dont vous m'avez
procuré la connoissance par votre dernière.
C'est un plaisir dont je vous remercie. Si j'étois
capable de lui rendre quelques services, vous
y auriez peu de ma part, ce seroit à lui que je
les voudrois rendre. »

Nous ne pouvons dire si Le Chevalier se
rendit enfin aux désirs de son ami. On peut le
croire, car il employait ordinairement le temps
des vacances à faire quelques voyages. Il vi-
sita ainsi plusieurs villes : Paris, St.-Germain,
Marli, Versailles, en compagnie de Mr de Boisnormand, conseiller au Parlement, autre ami
bien cher; plus tard, Caën, St.-Malo où il vit,
à la messe, « plusieurs femmes bien mises,
mais qui n'avoient pas l'air de nos dames de
Roüen; » enfin, le Mont St.-Michel.

Il parle souvent aussi dans ses lettres à M^r de
Claville, du château de Sommesnil, et il se
fait, dans une note [1], l'écho de ce dicton popu-

[1] P. 210.

laire : « On dit cômunement que de tous les
païs du monde l'Europe est la mieux boisée ;
de l'Europe, la France ; de la France, la Normandie ; de la Normandie, le Païs de Caux ;
du Païs de Caux, la terre de Sommesnil. »

.Parmi tous ceux qui possédèrent son affection, de Secqueville tint, sans contredit, la
première place. Cette amitié contractée dans
la jeunesse ne se démentit jamais. Les deux
jeunes gens se voyaient quelquefois pendant
les vacances et pour le reste de l'année, nous
avons lu dans plusieurs lettres qu'il ne se
passait jamais un mois sans qu'ils s'envoyas-
sent mutuellement quelques nouvelles.

Nous devons dire aussi que Le Chevalier
se montra aussi bon frère que fidèle ami. Il
avait deux sœurs dont l'une voulait entrer
dans un ordre religieux. Il écrivit plusieurs
fois à cette dernière pour l'engager à réfléchir :
« On ne doit pas, disait-il, former légèrement
des vœux qui ne peuvent être rompus et
qui peuvent rendre éternellement malheureux
ceux qui les ont faits sans assez de réflexion. »

Il montra aussi beaucoup d'affection pour
sa mère qui avait été renversée, en traver-

sant une rue, par un carosse dont les deux
roues lui avaient passé sur le corps. « Elle
auroit dû être écrasée et expirer sur la place,
mande-t-il à sa tante, mais par le plus grand
de tous les bonheurs, elle n'a eu que les chairs
endommagées ce qui néantmoins l'a arrêtée
au lit depuis quinze jours. »

Un an après cet accident il perdait l'un de
ses oncles dont il nous fait la biographie avec
un accent ému et une piété toute filiale. Nous
la reproduisons intégralement parce que cette
vie serait, à elle seule, un bel éloge de l'ancien
barreau rouennais dont les traditions ont été
si fidèlement conservées jusqu'à nos jours :

« Le 1. juin ¹ mourut à dix heures du matin
Mᵉ Thomas le Chevallier ², mon oncle, agé de
soixante et dix sept ans. Il avoit acquis beaucoup
de réputation dans la profession d'avocat qu'il
exerçoit depuis de longues années. Personne
ne l'égaloit dans la connoissance des matières

¹ 1732, p. 166.
² Th. Le Chevalier est inscrit sur le tableau de 1728
comme syndic : « magister Thomas le Chevalier, syndic. »
A. Decorde, *Les Avocats au parlement de Normandie*,
p. 25.

beneficiales aux quelles il s'étoit particuliere-
ment attaché. Il fut élu sindic du Collège en
1724. par le suffrage de tous les avocats qui
furent ravis de l'avoir à leur tête. On l'accusa
de s'être acquitté de cette fonction avec trop
de douceur. Le P. Président renvoioit devant
lui les accomodemens les plus difficiles, et
quoiqu'il y emploïast beaucoup de tems il n'en
voulut jamais recevoir aucun salaire, desin-
terressement qui lui acquit l'estime et l'amitié
du P. Président et du Chancelier, qui lui en
écrivit plusieurs fois en termes tres honorables.
Il s'acquita aussi noblement de tous les autres
devoirs de sa profession, qu'il estimoit tant et
regardoit si fort au dessus de toutes les charges
et de tous les emplois les plus distinguez, qu'il
ne voulut jamais donner aucune charge à ses
enfans quoiqu'il fut tres en état de le faire,
puisque deux mois après sa mort son fils aisné
en achepta une de plus de trente mil livres.
Ennemi de ceux qui mettoient leur éloquence
à l'encan, fesoient un trafic honteux de leur
parolle et avilissoient une profession hono-
rable, plus d'une fois il reprit leur avidité, et
purgeant le Collège des membres corrompus,

il soutint avec fermeté la réputation d'un corps,
qui diminueroit tous les jours si la prudence
des plus zélez ne réprimoit la cupidité des
autres. Il étoit à la téte, et donnoit des exemples, encore plus qu'il ne fesoit de remon-
trances. Jamais il ne taxa personne : Content
des honoraires que les riches lui offroient pour
récompenses des avis et des services qu'il leur
rendoit, il n'en reçut jamais de ceux qui étoient
dans l'indigence. Il vit avec tranquilité les approches de la mort, et conserva jusqu'à la fin
la même liberté d'esprit. Une hydropisie de
poitrine l'étoufa et lui fit rendre l'ame entre
les bras de son fils [1]. Il etoit d'une taille médiocre, fort replet, d'une fisionomie heureuse,
où étoit peinte la douceur de son caractaire.
Il fut d'une constitution si bonne qu'il n'eut
aucune indisposition pendant sa vie. Il avoit
épousé Mlle de la Cardotiere fille d'un gentilhomme de Falaize ; elle lui avoit aporté une
dot considérable [2]. »

[1] Son cadet, depuis chanoine et Conseiller au parlement,
appellé l'abbé Le Chevallier.
[2] Il ne faut pas confondre ce Thomas Le Chevalier avec
un autre membre de la même famille, aussi avocat. Nous

Le Chevalier ressentit le contre-coup des chagrins domestiques qu'il éprouvait. Nous avons souvent surpris dans ses lettres une teinte de mélancolie et d'ennui. Ce sentiment ne fit que s'accroître avec le temps et nous le trouvons manifesté avec plus d'évidence que jamais dans le dernier extrait que nous allons citer. Il s'agit de nouvelles qui l'affectaient péniblement. Son cher de Secqueville se mourait, de Boisnormand n'était guère en meilleur état et de tristes pressentiments venaient l'accabler : « Le pauvre Secqueville, mande-t-il à un ami [1], avec lequel j'étois lié d'une amitié bien tendre depuis le collège, s'est trouvé à 29. ans attaqué d'une maladie qui l'a conduit aux portes de la mort. Et aprésent que je vous écris je suis à la veille de perdre un excellent

voulons parler de Dominique Le Chevalier qui a laissé, manuscrits, 4 vol. in-f° d'arrêts rendus au Parlement de Normandie, sur plusieurs questions importantes concernant le droit municipal de cette province. On trouve dans le dernier vol. les conférences des avocats du Parlement sur les quatre premiers titres de la Coutume de Normandie. Ces manuscrits sont aussi à la Bibliothèque publique de Rouen. — V. Biog. Norm., p. 435-36.

[1] P. 308.

ami. Il vous aimoit aussi et ne m'écrivoit
guères qu'il ne me demandât de vos nouvelles.
Je suis encore jeune et je vois déjà partir ceux
de mon âge. Boisnormand que vous connoissez
est dans un état dont il ne peut guère se tirer
et vous ne le trouverez pas quand vous re-
viendrez. »

Ces pressentiments se réalisèrent-ils ? Le
Chevalier vécut-il encore longtemps, fatigué
des hommes et des choses ? C'est ce que nous
n'avons pu savoir car nous avons à peu près
épuisé la série des documents qu'il nous était
donné de consulter et nous sommes contraint
de nous arrêter sans pouvoir le suivre davantage. Ce ne sont donc, à proprement parler,
que quelques pages de sa vie que nous avons
racontées. Si elles ont quelque intérêt, elles
le doivent aux évènements auxquels Le Chevalier fut mêlé, à ce siècle précurseur de
nos grandes révolutions sociales, siècle de
transition, dirons-nous, semé de quelques faits
glorieux, mais dont l'histoire rappelle souvent
de tristes souvenirs. ·

Nous n'avons cherché dans ces pages que
ce qui pouvait tout à la fois plaire et instruire,

et nous l'avons fait avec toute la réserve qu'il est possible d'apporter dans les études historiques de cette nature, c'est-à-dire en respectant toujours la vérité, qui doit être supérieure à toutes les dissidences et à tous les partis.

Terminons cette notice forcément incomplète par un dernier souvenir qu'il serait injuste de laisser dans l'ombre.

Le Chevalier, en mourant, n'a pas oublié sa ville natale : il lui a légué sa riche collection de livres. Cette collection, après avoir fait partie pendant quelque temps de la Bibliothèque des Avocats, a été fondue, après la Révolution, dans la Bibliothèque publique de la ville. Les hommes studieux qui fréquentent cette Bibliothèque, peuvent encore remarquer un grand nombre de volumes qui portent son nom, imprimé en lettres d'or, sur leurs couvertures de parchemin. La généreuse pensée qui inspira cette donation, fait l'éloge de Le Chevalier. Elle suffirait, à elle seule, pour conserver dans notre cité la mémoire du jeune avocat rouennais.

EXTRAITS

de la

CORRESPONDANCE

DE LE CHEVALIER

1730-1744

CHRONIQUE LOCALE

I. — FAITS DIVERS. — ÉMEUTES.

SIAMOISES.

9 juin 1731 [1]

Il y a icy une manufacture de siamoise. C'est
une toile faite de coton et de fil de lin qui est tres
bonne et qui a beaucoup de cours pour les
païs étrangers. Cette manufacture occupoit
plus de dix mille hommes ; mais depuis quelque têms la Compagnie des Indes aïant fait
de grandes emplettes de chanvre dont elle
ne sçauroit se défaire a obtenu du Conseil un
arrest qui deffend aux manufactures d'em-
ploïer d'autre fil que celui de chanvre et d'en
acheter d'autre que de la Compagnie sous
peine de confiscation etc.... Cet Arrest a été
affiché il y a quelques jours et doit avoir son
effet le 1er de juillet. Les maitres des manufactures considérant que la Compagnie débi-
teroit le fil au prix qu'elle voudroit, et que ce
fil emploïé avec le coton le coupe et fait de
fort mauvaise marchandise, ont congédié
pour le même 1er de juin tous leurs ouvriers

[1] A Secqueville, p. 27.

pour que cette siamoise qui leur auroit couté
à faire ne leur restât. Ainsi l'on apréhende fort
quelque tumulte le mois prochain de la part
de ce grand nombre d'ouvriers qui demeure-
ront sur le pavé avec leurs femmes et leurs
enfans. On aura soin de faire venir des troupes :
mais il n'y a guère de sûreté avec un peuple
au désespoir qui n'est contenu que par la force
et la violence.

28 septembre 1731 [1].

On dit qu'il y aura du tumulte dans cette
ville par la cessation du travail des fabricans
de siamoise qui resteront la pluspart sans
occupation le 1er octobre. Ils menaçent de
mettre le feu et de piller; quelques troupes
descendent et feront leur logement dans le
lieu de santé, il y aura garde toutes les nuits
en différens cartiers, la retraite sera sonnée
tous les soirs avec la cloche et battüe au tam-
bour. Mr le Gouverneur viendra faire obser-
ver cette discipline militaire. Le Régiment de
Bretagne Cav. arriva avant hier et cantonne

[1] A M. de Boisnormand, p. 77.

dans les petites bourgades voisines pour être
à portée d'accourir au péril. Une marque que
l'on apréhende quelque remuement c'est que
l'on difère toujours l'exécution de l'arrêt du
mois de juin et que l'on croit qu'elle sera encore diférée jusqu'au 1ᵉʳ de novembre. Vous
êtes bien heureux d'être à couvert des em-
portemens de cette canaille. Quoique ce ne
soit pas gens bien dangereux par eux mêmes,
on a pourtant raison de les craindre, *furor
arma ministrat* : au reste ils n'ont pas trop tort
de se plaindre qu'on leur ôte la vie ; ils ont
tort seulement de s'en prendre à nous. Mʳ de
Luxembourg arrive lundy.

---

6 octobre 1731 [1]

On nous fait icy des peurs mortelles. On dit
que les Anglois veulent surprendre Dunkerque
et faire une descente chez nous. Pour nous
rassûrer un peu, on garnit la ville de soldats.
Il arriva hier un régiment qui loge au lieu de
santé. Il s'appelle le Régiment de Bretagne

[1] A mon ami de Secqueville, à Caën.

5

infanterie. Le régiment de Bretagne cav. étoit arrivé quelques jours auparavant, il cantonne aux environs de Roüen. On en attend encore, et l'on croit que nous aurons 7. ou 8. mille hommes. Le duc de Luxemb. gouverneur de la province est icy. Le duc d'Harcourt, Gouverneur du Chateau arriva avant hier. Cela va terriblement anoblir Roüen. Ce n'étoit qu'une ville de commerce, elle va devenir ville de guerre. Je vous dis adieu d'avance en cas que je n'aïe pas le tems de vous écrire avant l'arrivée des Anglois.

Le 3. il parut une grande clarté vers le Nort; je m'en apercus à neuf heures en rentrant et cela duroit encore à minuit lorsque je me couché. On y voïoit autant que pendant la pleine Lune.

12 octobre 1731 [1].

La maladie pestilentielle qui avoit infecté le milannez et toutes les provinces d'aval est venue en amont. On la nomme le scorbut : elle attaque la langue et les lippes du cheval,

[1] A mon ami de Secqueville, à Caën, p. 82,

il s'y forme des apostumes bleues, cela n'em-
pêche pas le cheval de manger...., Cette maladie attaque aussi les bêtes à corne : on arrêta
hier à la porte huit bœufs qui en étoient gâtés
et que l'on conduisoit pourtant à la bouche-
rie..... si cette peste emportoit beaucoup de
chevaux il serait impossible de cultiver les
terres.

22 novembre 1731 [1].

Il y a actuellement sur la Paroisse de Saint
Martin sur Renelle un feseur de bas qui est
tourmenté toutes les nuits par un lutin. Dès
qu'il est couché, on fait le charivari dans sa
chambre, il entend frapper contre les murailles,
coigner sur les tables avec un marteau ; les
meubles se déplacent d'eux mêmes, les gar-
nitures se tirent de sur la cheminée et se bri-
sent à terre ; quand on veut les soutenir on se
les sent arracher des mains. Ce n'est pas tout,
le lutin soufle les chandelles, donne des sou-
flets et des coups de point, et folatre quelque-

[1] A M. de Boisnormand, p. 96.

fois avec la fille de la maison. Cet Esprit a des
inclinations charnelles. Ceci n'est point badi-
nerie, toute la ville en est instruite, et je tiens
de la sœur même de Mr Martin ce que je
vous en dis. J'eus la curiosité d'y aller. Elle
m'assura qu'il n'y avait rien de plus vrai que
ce qu'on m'avoit dit, et qu'elle même avoit
entendu un grand tintamarre dans la maison
pendant deux nuits qn'elle y avoit couché.
J'apris d'elle quelques particularitez qui pourroient servir à deviner l'énigme. l'Esprit ne
paroist point le jour, il ne reste guère plus
d'une heure quand il vient, et ne vient pas
régulièrement tous les jours. Lorsque quelque
étranger couche à la maison le lutin ne dit
mot, tout est tres tranquille. J'ai vû des gens
qui mouroient d'envie de voir des esprits :
tachez d'avoir cette curiosité. On n'en trouve
pas l'occasion tous les jours.

On a mis la patte sur l'esprit qui tourmen-
toit M. Martin depuis quinze jours. Il est
actuellement enchainé dans une chambre,
le va voir qui veut. Il a été attrapé par
les soins de M. le procureur du Roi du
Baillage qui coucha la nuit dernière dans

la maison. C'est une petite chambrière de
15. à 16. ans qui voloit dans la maison à
l'abri du lutin sur le dos duquel on mettoit
tout. On l'aperçeut par un trou qui se mor-
doit le bras jusqu'aux sang criant à pleine
tête. On a trouvé dans sa paillasse une croix
d'or qu'elle avoit volée et les instrumens dont
elle se servoit pour faire du bruit. Elle est
convenüe de tout.

5 Janvier 1733. [1]

La lune de Janvier fut très-malfaisante. Les
malades soufrirent beaucoup, et les moins ro-
bustes furent emportez. M. de Senneville Conseiller au Parlement ami intime de mon pere
décéda le jeudi 29 de Janvier à dix heures de
soir et fut inhumé le samedy 31. dans le Cœur
de l'Eglise Sainte Croix Saint Oüen sa Paroisse auprès de feu M. de Godefroy son
oncle.

M. de Senneville et M. Dalet furent inhu-
més le même jour à Saint Godard; le samedi
31, Mme de Menibus sur la paroisse Saint Lô.

[1] p. 183.

Le lundy 2, M. de Nogent Président de la Chambre des Comptes, mourut sur la paroisse Saint Godard.

13 décembre 1737 [1].

Dimanche on fera la consécration de la contretable du chœur de Notre Dame. L'ouvrage est achevé, mais je ne l'ai point encore vû et ne puis vous en rien dire. Il paroît un livret qui explique le dessin de cette contretable et l'on dit que ce livret est Janséniste.

PROCESSION DES CAPTIFS.

16 décembre 1737 [2].

Le soleil qui avoit été caché toute la semaine dernière, dissipa samedy les nuages qui l'obscurcisssoient et parut briller tout exprès pour embellir la procession des Captifs, car elle fut a peine finie que les nuages et les

[1] A Me de Saint-Aubin, p. 218.
[2] A M. de Claville, au château de Sommesnil. De Rouen, le 16 décembre 1737, p. 219.

brouïllars recommencerent. Les tambours,
fifres et trompettes de la maison de ville ou-
vroient la marche. Suivoient les captifs à différentes distances entourez d'une si prodigieuse
quantité d'anges que l'Empirée n'en enferme
pas davantage. On voioit meslez confusément
des croix, des épées, des étendars, des ba-
nières, des chasses, des timbales, des prêtres,
des soldats, de sorte qu'on ne savoit si c'étoit
une cérémonie religieuse ou militaire. Il y
avoit environ trente captifs du nombre de 70.
qui ont été délivrez et qui sont restez à différens
endroits. Tous ensemble revenoient à deux
cens soixante mille livres. Vendredy dernier
Mesdames de Pontcarré et de la Bourdonnaye
allèrent servir les captifs à table.

Dimanche se fit par M. l'archevêque la
consécration de la contretable, ce qui ne l'a
point du tout embellie. Je doute quand vous
le verrez que vous soiez très content de ce
dessin, qui a eu et a encore bien des con-
tradicteurs. Samedy au soir le temps étoit
extrememement rouge du côté du couchant, et
le lendemain il y eut un broüillar si épais
qu'on ne se voioit point à dix pas.

28 décembre 1737 [1].

Le lendemain de Noel pendant la Grande
messe le curé du Bolhard fut volé par un bourgeois de Roüen à qui il avoit donné retraite
par charité. Pour faire son coup plus tranquilement il tua la servante, ou du moins la
laissa pour morte.

4 janvier 1738 [2].

Le curé du Bolehard fut volé le lendemain
de Noel pendant la grand messe par un
homme à qui il avoit eu la charité de donner
retraite depuis quelques jours. Ce voleur étoit
un ancien fripon qui a plusieurs complices
avec lesquels il a fait nombre de meurtres et
de vols. Il fut arrêté au Neufchatel peu de
jours après et est actuellement icy dans les
prisons.

[1] A M. Le Couteulx de la Noraye, chez M. l'abbé de
Cantelou. en sa terre de Cantelou, proche Lizieux, p. 231.
[2] A Made de Saint-Aubin, p. 236.

EMOTION POPULAIRE[1].

Les toiliers irritez de ce qu'un nouvel ins-
pecteur avoit coupé quelques pièces qui n'a-
voient pas la largeur requise pensèrent faire
une émeute il y a un mois. Un d'entreux jetta
le soir des billets dans toutes les caves qui
marquoient aux ouvriers de se trouver le lendemain dans la place Saint Ouën. Ils s'assem-
blèrent réellement cinq ou six cens dans cette
place, et le P. Président qui fit marcher la cinquantaine et la maréchaussée étoit fort inquiet
de ce qui arriveroit lorsque tout cela se dissipa presque de soi même. On ny pensoit plus
lorsque le premier Président reçut ordre de
la Cour de faire informer contre ces mutins et
d'en faire une exacte justice pour prévenir les
suites que trop d'indulgence pourroit occasionner. Celui qui a écrit les billets est arrêté.
Jeudi dernier il y en eut quinze de décrétez.
Le P. Président a été nommé Commissaire
pour cette affaire.

[1] P. 237.

18 janvier 1738 [1].

Le dernier coche de Caën à Rouën fut in-
sulté par un Garde du corps. Cette voiture
parce que le chemin étoit barré, fut obligée de
passer dans les terres. Le Garde du corps à
qui une portion du champ appartenoit, mal-
traita le postillon, lui creva l'œil d'un coup
de bourade, et l'aïant renversé à ses pieds, il
alla à la portière demander si quelcun vouloit
le parti de ce coquin, et qu'il étoit prêt de lui
en faire autant. Il n'y avoit dans le coche
qu'un prêtre et quelques femmes.

Hier au soir fut rompu au vieux marché Ni-
colas Bourdet qui avoit volé il y a trois semaines le curé du Bolhar après avoir assommé
sa servante. Il est vrai qu'elle n'en est pas
morte, mais ce n'est pas la faute à Bourdet
qui n'avoit pas dessein de la ménager.

[1] A M. Deric de Chasseguay, en sa terre de Chasseguay,
par Mortain, p. 245.

28 août 1738 [1].

. . . . . Mad^e La Princesse de Carignan
passa par icy le 17. avec la femme de M^r l'am-
bassadeur d'Espagne. Le canon qu'on tira
pour elle au Cours tua deux hommes : un
malheureux canonier qui servoit depuis 40 ans
et un jeune marchand d'Elboeuf que la curiosité avoit attiré. Cette Dame est d'un malheur
étonnant partout où elle va. Au Havre elle a
occasionné la mort de plusieurs personnes,
par la chute d'un échafaut qu'on avoit élevé
pour voir lancer en mer un vaisseau. Et
l'année dernière elle mit le feu à Forge aussitôt
qu'elle y arriva.

13 may 1739 [2].

L'on travaille fortement à démolir les Re-
quêtes, pour faire un bâtiment neuf plus grand
et plus orné. On l'avancera en prenant du
terrain sur le neuf marché. Cela se fait aux
dépens de l'octroy parce que c'est un édifice

1 A M. Le chevalier de Sommesnil, officier, p. 309.
2 A M. Le Couteulx de la Noraye.

public et absolument nécessaire. Il n'en fut
pas de même lorsqu'on bâtit la seconde des
Enquetes. Le Parlement en fit les frais et il en
est encore endetté pour ce sujet. Comme la
prison se trouve trop découverte, on en a tiré
une partie des prisonniers pour les mettre
ailleurs en sûreté.

ÉMOTION POPULAIRE.

13 may 1739 [1].

. . . . . Il y a cherté de vivres dans Rouën
le pain est augmenté de trois deniers par livre.
Ce n'est pas que l'on appréhende pour la prochaine moisson, mais parce que le bled devient
rare à la halle.

16 may 1739 [2].

. . . . . Il y a eu icy quelque émotion
parmi le peuple occasionnée par les trois deniers d'augmentation sur le pain. Deux bou-

[1] A M. Le Couteulx de la Noraye, à l'auberge de la place
Roïale à Caen.
[2] A M. Le Couteulx, à Caën, p. 360.

tiques de boulanger ont été pillées ; et la maison
de M' de Marguerie a couru risque d'être
brulée, les mutins aiant poussé l'animosité
jusqu'à y jetter des torches allumées. Cinq ont
été arrêtez et M' d'Hectot a été nommé rapor-
teur pour cette affaire. Comme toutes les bri-
gades de la maréchaussée de la Généralité
étaient icy pour la revüe, on en retint quelques
unes ; et les bourgeois ont été commandez
pour garder la ville pendant la nuit. Dès la
nuit du mercredi au jeudi il y eut trois corps
de garde en différens cartiers de la ville. Le
Parlement par un arrêt a deffendu de s'attrou-
per plus de six ensemble. Il n'y a pas lieu
d'apréhender que cette émotion ait grande
suite par les soins que l'on a pris de s'y oposer
de bonne heure. Le peuple ne soufre point,
les manufactures vont toutes ; il y a bien plus
d'abondance à Rouën et le pain y est à meilleur marché que dans les campagnes et dans
le reste de la province. J'ai entendu dire qu'il
y avoit eu aussi à Caën quelqu'émotion dans
la quelle il y avoit eu un fermier de tué et sa
charge de bled pillée. Je suis étonné que vous
ne m'en aiez rien mandé.

21 may 1739 [1].

C'est un plaisir à présent, mon cher ami, de voir notre ville. Elle a un air guerrier qui ravit. Tout y est sous les armes. On n'entend que fifres, que tambours, que décharges. Il y eut lundi une revue générale de la bourgeoisie où chaque compagnie rangée sous son drapeau se rendit à sa place d'armes. Les bourgeois sautoient de joie de se voir une épée au côté. Ils se quarroient et se redressoient pour avoir meilleur air devant leurs femmes, qui pleuroient de voir, disoient-elles, leurs maris aller à la guerre. Il y a toujours la moitié d'une compagnie sous les armes, partagée en trois corps de garde. On a cru ces précautions né-

[1] M. Le Couteulx à Caën. De Roüen le 21 may 1739, p. 362.

« Les bourgeois montèrent la garde jusqu'au 4 de juin. Dans les corps de garde de la vieille tour, une femme armée d'une épée et d'un fusil alla faire le service pour son mari qui étoit malade. Elle montra un air déterminé et beaucoup d'adresse à manier les armes. Elle fit ses 24 heures come les autres. »

cessaires à cause que le peuple paroit toujours animé.

Vous m'avez fait plaisir de m'aprendre le détail de ce qui s'est passé à Caën, mais je crois que vous ne m'avez pas tout dit. J'ai entendu parler d'un homme tué dans le faux-bourg de Vaucelles. On dit qu'il y a eu aussi quelqu'émotion à Evreux dans la quelle un mûnier a été tué. Les écoliers de Bordeaux font aussi parler d'eux. Une espèce de révolte, occasionnée par un jambon, n'y est pas encore terminée. Elle a coûté la vie à deux jeunes gens de famille distinguée de la ville. Je ne vous manderai point un détail qui demanderoit plus de place que je n'en ai.

On a découvert par des mouches une entre-prise de nos mutins qui avoient choisi mercredy pour mettre le feu à une maison et pour aller piller quelques greniers dans un quartier op-posé. C'étoit une véritable diversion. L'on au-rait pas crû que ces gens là eussent si bien entendu la guerre. La misère qui règne cette année dans une grande partie de la France, et qui est extrême en quelques endroits, a touché le cœur du roi. Il a fait venir beaucoup de ris

du levant que l'on a distribué dans le Maine
et dans une partie de la Basse Bretagne. Il a
ordonné aux Curez des campagnes de faire
tous les jours une soupe pour distribuer aux
pauvres, et les Intendans sont chargés d'en
faire la dépence. On a cessé de faire travailler
les paisans aux chemins par corvée : leurs
journées leur seront païées. M^r le Duc d'Orléans Prince extrêmement pieux et charitable
a fait distribuer dans ses domaines quinze cent
mille livres. Plusieurs villes, et surtout Roüen
et Caën ont donné pour assister les pauvres
plusieurs sommes qui étoient destinées pour
des repas de confréries. Ici la seule Paroisse
de St Maclou a huit mille pauvres à la charité,
et cependant notre ville est dans l'abondance
auprès des autres Provinces.

CHRONIQUE LOCALE

II. — INCENDIES. — INONDATIONS.
HIVER DE 1740.

6

INCENDIE DU COUVENT DES FILLES DU St SACREMENT DE ROUEN.

2 mars 1738 [1].

Madame, l'incendie dont vous me demandez des nouvelles arriva le mardi gras 18. février. Voici les circonstances de cet embrasement, le plus violent et le plus dangereux qui soit arrivé icy depuis très longtems. Mlle Deschamps fille d'un riche marchand de cette ville en fut cause assez innocemment, car on ne peut lui reprocher qu'un peu d'etourderie. Vous trouverez peut-être que c'est encore trop. Quoiqu'il en soit, Mlle Deschamps étant rentrée dans sa chambre pour se coucher sentit quelque mauvaise odeur : c'étoit un chat qu'elle affectionne beaucoup qui avoit fait des ordures sous le lit : elle voulut l'ôter elle-même, et lorsqu'elle se baissa le vent de ses jupes fit voler les rideaux sur la chandelle, ils étoient de toile peinte, matière fort combustible. Le

[1] A Madame de St Aubin, p. 265.

feu y prit aisément, Mlle Deschamps se relevant
avec précipitation voulut l'étoufer avec ses
mains, mais inutilement, l'eau qu'elle avoit
dans sa chambre fut emploïée sans succès. Et
le feu fit de grands progrès avant qu'elle pût
se déterminer à appeller du secours. Il n'étoit
plus tems, les lambris bruloient, les meubles
et les hardes fesoient une fumée qui défendoit
l'entrée de la chambre. L'allarme se mit dans
le couvent ; elles envoïent fraper à toutes les
portes du quartier pour avoir du monde, elles
sonnent le tocsin, St Godard et St Patrice se
mirent pareillement à sonner. Il n'étoit
que neuf heures et demie de soir. Le monde
fut bientôt assemblé ; mais jusqu'à dix heures
et demie ce n'étoient que des spectateurs qui
n'aportoient d'autre secours que de tirer
quelques meubles. Cependant le feu gagnoit
toujours, et la flame qui avoit déjà percé le
toit s'élevoit extrêmement haut. La pompe à
la fin arriva, mais, on avoit oublié les tuïaux,
ce qui retarda encore d'une demie heure. Les
tuïaux arrivent pourtant avec les trois autres
pompes de la ville, mais à quoi servent des
pompes sans eau ? Les filles du St Sacrement

sont dans le quartier de la ville le plus élevé,
on n'avoit point d'autre eau que la cuve des
fontaines de bouvreuil, qui fut tarie dans un
instant. Il fallut arrêter la renelle, et le batar-
deau que l'on fit étoit à deux rües loin du couvent. Les pompes marchoient trois minutes et
s'arretoient un quart d'heure. Un pareil secours ne rallentit point du tout le feu, il gagna
l'Eglise. Cet édifice est élevé : lorsque le toit
brula, la flame fut fort élévée, heureusement
il ne fesoit point d'air, si le vent du Nord avoit
souflé le moindrement la ville couroit risque
d'être totalement incendiée. On connut bien
le péril, toutes les paroisses, et tous les couvents sonnèrent sans relache et avec une viva-
cite qui marquoit bien qne le danger étoit
grand. On ne cessa point de toute la nuit, on
sonnoit à St Sever, qui est à l'autre bout de la
ville, on sonnoit au bois-Guillaume. George
d'Amboise qui ne s'allarme que dans les
grandes occasions commença à sonner sur les
trois heures du matin, personne ne se souve-
noit de l'avoir entendu, on vouloit par là avertir les villages voisins. Les crocs dont on voulut se servir pour abbattre, rompirent entre

les mains. Pour couper et arrêter la communication il fallut faire venir des matelots gens accoutumez à grimper. Il y a peu d'occasions pareilles où l'on ait plus mal commandé et plus mal obéi. Ceux qui donnoient les ordres n'y entendoient rien, et leurs ordres mal donnez étoient encore plus mal exécutez. Sur les dix heures du matin l'on cessa de sonner, le feu qui avoit duré douze heures, s'étoit enfin abbatu moins sous la force des pompes et des crocs que par le défaut de matière. Il duroit encore dans les débris, et l'on continua toute la journée d'y travailler ; il parut même vouloir reprendre vigueur sur les cinq heures du soir : on sonna tout de nouveau l'allarme, mais cela ne dura pas. On prit aisément le dessus. La cinquantaine resta toute la nuit sur la place avec les sceaux et les pompes. Le feu reparut encore, et il fallut encore sonner. Ce n'étoit que des étincelles en comparaison de l'incendie du mardi, ausi neut-on pas de peine à en venir à bout. Enfin le jeudi matin il n'y eut plus que de la fumée en quelques endroits que l'on abbattit avec les pompes. Depuis l'embrasement mémorable du couvent de St

Amant arrivé il y a plus de vingt ans, on n'en avoit point vû d'aussi violent que celui-ci. Les religieuses seules paroissent destinées à donner icy ces tristes spectacles et ces vives allarmes. Les Nouvelles Catoliques mirent le feu chez elles il y a trois semaines ; mais elles firent entrer secretement des ouvriers et l'éteignirent sans bruit. Un mois auparavant les filles notre Dame eurent le même malheur : elles eurent besoin du secours public, et ce secours fit dans le couvent plus de dégat que le feu. Elles ont été recommandées à la charité des fidelles, et l'on quête encore actuellement pour elles dans toutes les églises. Les filles du St Sacrement auroient également besoin d'assistance car elles ne sont pas riches. Il leur a été deffendu depuis quelque tems aux unes et aux autres de recevoir de religieuse. On veut suprimer ces deux couvents qui tombent à la charge de la ville qui a assez d'autres pauvres à nourir.

Comme les filles du St Sacrement appréhendoient beaucoup d'être dispersées en différens couvens, elles crûrent rendre la chose plus difficile en retournant promptement chez elles, et Mme de Neuilly Prieure, alla rassembler ses brebis dispersées pour les ramener au bercail, de peur d'une plus grande dispersion. Dès le mercredy elles y étoient au nombre de douze ou quinze manquant de tout. La ville leur envoïa à diner. L'intendant fit la même chose les jours suivans ainsi que la Présidente Duhamel et plusieurs autres. En peu de tems elles ont reçu des aumônes fort considérables. Un particulier qui auroit soufert une pareille perte seroit plus à plaindre qu'elles.

Cet accident étant arrivé dans un jour consacré au divertissement, tous les plaisirs furent interrompus. Chacun quitta la table ; les parties de jeu, de dame et de bal manquèrent ; les comédiens perdirent cette nuit là pour plus de cent pistoles de monde qui avoient dessein d'y aller.

Il arriva une chose assez singulière ; presqu'à la même heure le feu prit assez vivement à deux autres endroits de la ville. Il a pris cet hyver à cinq endroits diffèrens le même jour. Une ville batie en bois devroit bien redouter le feu son ennemi capital, qui malgré toutes

les précautions que l'on prend pour arrêter
les progrès, lui jouera quelque jour un mauvais tour.

FROIDS RIGOUREUX.

18 janvier 1740 [1].

Si le vent eut continué mon cher ami, il
auroit fait oublier tous ces fameux hivers ter-
minez en 9. Il soufloit non par reprise comme
cela doit être, mais tout d'une haleine sans
discontinuer. En deux jours ce vigoureux
soufleur gela la Seine au dessus du Pont, le
long des bords jusqu'à la Boüille, la traverse
ou largeur devant Croisset ; et ce qui est bien
plus admirable, ce que vous ne croirez peut
être pas, quoique Mr de Melmont l'ait mandé
bien précisément, c'est que l'on patine à son
embouchure.
. . . . . Un fameux patineur de la mare de
Quevilly, nommé M^r Le Roi y étant resté
après les autres pour prolonger le plaisir trouva

[1] M. Le Couteulx de la Noraye, p. 396.

un endroit faible qui cassa sous lui. Il fit des efforts inutiles pour remonter quoique l'endroit ne soit pas profond. Le froid l'engourdit et le lendemain il fut trouvé tout gelé. Voila ce qui s'apelle mourir au lit d'honneur. Un officier doit finir à l'armée et un patineur sur la glace.

. . . . . Ces tems derniers [1] le coche de Caën n'avoit pas assez de seize chevaux il mettoit cinq jours à faire le voïage et malgré cela il coucha une fois dehors.

26 février 1740 [2].

« . . . . . Il fait toujours rudement froid icy. Voila plus de six semaines que cela continue. De tems en tems il paroit quelque espoir de dégel ; mais cela ne dure guères et le nort en reprend plus de vigueur après. Il seroit pourtant bien à souhaitter que cela finit ; car les pauvres soufrent bien, et le nombre en a beaucoup augmenté et augmente chaque jour,

[1] 27 janvier 1740.
[2] A Mademlle Le Chevallier, chez M. de Bretteville, p. 420.

à ·cause que les manufactures ne peuvent travailler, et que les ouvriers sont sur le pavé.
On a voulu faire pour eux une collecte générale. Mais comme la misère n'est pas dans le
dernier degré, on n'a pas voulu emploier le
dernier remède. Le Parlement s'assembla
avant hier à cette intention, et chaque Conseiller consentit de donner un loüis. Cela se
montera environ à mille écus. Ce n'est q'une
goutte d'eau dans la mer. »

26 février 1740 [1].

La pleurésie a emporté Mr de Bellonde et
Mr de Couronne. Ce dernier quoique magis-
trat grave, triste et sauvage, n'a eu sa pleurésie que par excès de danse chez le commandeur
de Ste Vaubourg. La cause de ces pleuresies
est le froid excessif qu'il a fait cet hiver, presque aussi rude que celui de 1709, que l'on apelle
encore aujourd'huy le Grand hiver. Ils ont tous
les deux commencé le jour des Rois 6. de Janvier. Celui cy a eu trois jours extrêmement ru-
des, le 9. le 10 et l'onze. Il dure encore sans que

---

[1] A M. Dericq de Chasseguay, p. 422.

l'on puisse prévoir quand il finira. Il y a près de six semaines que la rivière est glacée au dessus du pont. On y a patiné quelque tems; mais le Lieutenant de police pour prévenir les accidens qui peuvent arriver a fait déffense d'y aller soit pour patiner, soit pour passer à St Sever, et pour plus de sûreté on a rompu les bords.

La crainte d'être surpris par le dégel a obligé Mrs de la Ville a faire démonter le pont. La débacle auroit pû causer bien du ravage. Mais comme on ne peut lire dans l'avenir, on a rompu le pont trop tôt. Les paisans qui aportent à la ville des denrées à pied ou à cheval étoient obligez de paier leur passage ce qui les surchargeoit. Pour faire cesser les murmures du peuple la ville a gagé à ses frais deux bacs publics qui lui coutent 20 livres par jour. Comme les bâteaux ne pouvoient aborder, on a manqué de bois pendant quelque tems, jusqu'à ce que ne voyant point d'apparence de dégel en en a fait venir par terre ce qui l'a enchéri. Pour surcroît de maux, les manufactures en toile et coton ne pouvant aller parce que le froid fesoit casser les fils, ont mis leurs ouvriers sur le pavé. Les rues sont pleines de pauvres. On ne peut faire un pas sans être assailli par quantité de troupes de 10. de 20 et davantage. Outre cela il y a un grand nombre de pauvres secrets qui n'osent exposer leur misère aux yeux du public. C'est ceux qui soufrent davantage. Pour les soulager, le Parlement a taxé chaque Conseiller à 24 l. Les avocats ont donné chacun 6 l. les Maitres des Comptes 24 l. comme les Conseillers. La pluspart de nos curez ont fait aussi de grandes charitez. Dans ces tems malheureux le coeur de tout le monde s'ouvre à la compassion. Il faudroit être d'airain pour ne pas compatir aux soufrances des pauvres. Aussi tous les curez ont dit qu'ils avoient reçu beaucoup de secours cet hiver, mais qu'ils en avoient bien besoin.... J'oubliois de vous dire que Paris a eu sa bonne part du froid. Le Lieutenant de Police a fait déloger tous ceux qui demeurent sur les ponts, et allumer des feux pour les pauvres en différentes places de la ville. La glace a eu cette année environ six pouces d'épaisseur.

25 novembre 1740 [1].

« . . . . . Six boulangers cuiront du pain
moitié bled, moitié orge, à six blancs la livre
et ce pain sera vendu par tranches pour la
commodité des pauvres, afin que ceux qui
n'en voudront qu'un quarteron en puissent
avoir. Ce sera les boulangers des Faux qui
cuiront ce pain. Comme ils n'ont point de
maitrise ils sont obligez de mettre dix huit
onces à la livre, comme ceux qui fournissent
le pain de la vieille tour. On a condamné à
une forte amende quatre boulangers qui ont
été surpris meslant frauduleusement pendant
la nuit de la farine d'orge avec celle de fro-
ment.

L'hopital a fait une grande provision de ris
pour ses pauvres. On leur en a déjà servi. Ils
fesoient bien des grimaces en le mangeant.
M. l'Archeveque donne 1500 l. par mois aux
Curez de Roüen pour distribuer du ris cuit au
beurre aux pauvres de leurs paroisses. Pré-
magni qui fit hier sa visite des pauvres me dit

[1] A M. Le Couteulx.

qu'une femme chargée de trois enfans les avoit
envoiez prendre un morceau d'un cheval écor-
ché qu'on venoit de jetter dans les fossés.
Malgré cette misère les marchés sont toujours
bien fournis. »

DÉBORDEMENT [1].

28 décembre 1740 [2].

La rivière est beaucoup débordée, mais
comme cela est venu par degrès, il n'y a point
eu de dégât. Le quay est couvert, la bourse
et les bancs ou l'on s'assoit le sont aussi. Ce
n'est qu'en bateau que l'on peut gagner le pont.
Le peuple dit à ce sujet d'assés fades quolibets :
que la Seine est bourgeoise parce qu'elle est
dans la ville. D'autres qu'elle est hors de con-
dition et qu'elle se trouve sur le pavé.

[1] Il existe par malheur dans le ms. une lacune assez
considérable, de la page 470 à la page 480.

[2] M. Le Chevallier de Sommesnil, officier dans le Regi-
ment de Bretagne Cavallerie, à Guise, p. 463.

31 décembre 1740 [1].

Madame. Permettez-moi de vous renou-
veller cette année des vœux pour tout ce qui
peut vous flatter. Je puis vous assurer que de
tous ceux qui seront faits en votre faveur, il
n'y en a point de plus sincères que les miens.

La grande quantité de pluies qui a tombé
depuis quelque tems avoit déjà beaucoup
grossi la rivière, lorsque le canal de Briare
s'est crevé. L'eau qu'il a répandu dans la Seine
a si fort augmenté le débordement, qu'aujourd'hui le quay, le bas de la ville et le Faux
bourg St Sever sont inondés. Les amurées ont
été obligées d'abandonner leur couvent.

Le coche qui partit d'icy lundi dernier pour
Paris tomba a l'eau en passant la chaussée du
Pont de l'arche. Il est incertain si la chaussée
a fondu sous le coche, ou si le cocher a pris
trop au bord. Pour en être sûr, il faut que la
chaussée se découvre. Cinq chevaux ont été
noiez ; le postillon s'est sauvé à la nage sur les

[1] A Mad[e] de St Aubin, au château de St Aubin de Cre-
tot, par Caudebec, p. 466.

trois chevaux de devant à qui on avoit coupé
les traits ; le cocher a été retiré par les cheveux : il ne paroît du coche que le bout du
timon. Les personnes qui étoient dedans n'a-
voient point voulu hazarder le passage.

... Le 31 décembre 1740, on vit à quatre
heures et demie un grand éclair suivi tout à
coup d'un violent éclat de tonnerre. Il tomba
dans le Vieux Palais où il ne causa point de
dommage. La journée étoit froide, et il avoit
tombé beaucoup de neige. Ce tonnerre ne fut
suivi ni précédé d'aucun autre. Le 1er janvier
1741. il continua de neiger et de faire froid.
Comme pendant la nuit la neige avoit fondu
et qu'il avoit gelé par dessus, il fesoit très glis-
sant. Pour rendre les rües plus faciles il fut
ordonné de mettre de la paille devant les
portes. Le 2. et le 3. grand dégel qui laissa
fort peu de neige qui étoit déjà fort haute sur
terre. Malgré cette fonte la rivière diminua.
On lit dans l'histoire de Roüen qu'en 1296.
Guillaume de Flavacour archeveque de la
ville ordonna des prières et fit porter en procession la chasse de S. Romain à cause d'un
grand débordement de la Seine, et qu'aussitôt

7

les eaux se retirèrent. Ceux qui continueront
l'histoire de Roüen pourront y placer un pareil miracle en 1741. Car Mr de Tavannes
notre archeveque aïant fait un mandement
pour ordonner les quarante heures, et des
prières et des processions dans les Paroisses ;
l'on commença le dimanche premier jour de
l'an, et dès la même nuit les eaux commen-
cèrent à se retirer. Si quelque chose pouvoit
nuire à un miracle si public, c'est qu'on avoit
déjà mandé de Paris que les eaux diminuoient.
Il est étonnant avec quelle assiduité et quelle
ferveur les premières personnes de la ville
assistèrent à ces priéres. Pendant les quatre
jours que cela dura à la Cathédrale il y eut
grande affluance de monde. On ne peut pas
soupçonner que ce soit une piété feinte, car
la charité qui est une des plus belles vertus
des Chrétiens et qui n'est pas toujours prati-
quée s'est montrée très vive, dans les grandes
aumones qui ont été faites pendant ces tems
malheureux.

Le dégel a continué le 4. 5. 6. et 7. et la
rivière a toujours diminué, de sorte que le 5.
l'opera qui avoit été interrompu à cause des

eaux qui l'assiégeoient se trouva en état de joüer. Il y eut déffense aux patissiers, boulangers et chandeliers de faire des gâteaux et de la chandelle des Rois. La même chose le 8. et le 9. La rivière se retira toujours quoique la fonte des neiges eut causé près de deux pieds d'augmentation à Paris. Tout ce que cela produisit icy fut d'empêcher une diminution plus forte.

Le nombre des mandians s'étoit si fort augmenté qu'on n'osoit volontiers sortir. Ils ne demandoient que par bandes, et souvent avec autant d'insolence que de vivacité. Les carosses en étoient assaillis. A peine ouvroit on la portière qu'ils se jettoient sur ceux qui étoient dedans. Ils fesoient comme un corps de garde aux portes des maisons d'assemblée. En entrant et en sortant on en étoit accablé. Presque toutes les rües en fourmilloient ; et cependant les charités étoient si fortes que malgré la grande quantité, plusieurs quettoient assés pour se nourrir de volaille et faire souvent meilleure chere que ceux qui leur donnoient. L'apas d'un gain plus fort que n'auroit produit le travail retenoit ceux qui s'y étoient engagés, et engageoit ceux qui balançoient et n'y étoient pas déterminés. Pour prévenir les inconvéniens que la trop grande multitude des pauvres a quelquefois produits, le Parlement rendit le 10. un arrêt qui ordonne que tous les mendians qui ne seront point en état de gagner leur vie, seront tenus de se retirer dans la Paroisse de leur domicile, sinon dans celle dont ils seront natifs dans le prémier fevrier prochain : leur fait défenses de vâguer et de demander l'aumone après le dit tems passé, sous peine de prison, foüet, galères &c. ordonne que les habitans de chaque paroisse se cotiseront pour nourir leurs pauvres. Cet arrêt qui étoit assés nécessaire a néanmoins fait murmurer le public. Et il a peu d'apparence qu'il soit bien exécuté.

Il y eut aussi le 7. une ordonnance de Police qui enjoint aux particuliers dont les maisons ont été sous l'eau de les nettoier et de les purifier avant de les habiter, pour prévenir les maladies contagieuses que cela pourroit occasionner.

L'arrêt du Parlement intimida les pauvres de différens endroits, que l'apât des aumônes

bien plus que la nécessité, avoit attirés dans
la ville. Tous les jours on en vit diminuer le
nombre. On n'attendit pas le 1ᵉʳ février pour
les occuper. Dès le milieu du mois de janvier
on distribua des billets aux hommes pour aller
à la Mivaye travailler au chemin de Paris. Ils
gagnoient 7. sols par jour, étant païés aux dépens du Roi qui avoit donné 5.000. écus pour
cet ouvrage. Les cotisations pour assister les
pauvres se firent assés tranquilement. Celles
du Parlement, de la Chambre des Comptes,
du Bureau des Finances et autres corps de
Judicatures, de la noblesse et des autres personnes qui ne fesoient point corps se montèrent
à environ dix sept mille livres. Ces sommes
païées tous les mois devoient entretenir plus
de dix sept mille pauvres selon la liste que
Mr l'Archeveque envoia aux Premiers Prési-
dens du Parlement et de la Chambre des
Comptes. Malgré l'arrêt, et une Compagnie
d'archers de l'hopital établie pour prendre les
pauvres, il s'en échapoit encore qui demandoient l'aumône furtivement dans les rües et
dans les Eglises.

DÉBACLE [1].

Le 26 février à sept heures et demie de soir
il arriva sur le quay de Roüen un évenement
bien malheureux et bien triste. Les glaçes que
la rivière avoit charié depuis quelques jours
poussèrent si violemment un bateau plat,
communément appelé une Besogne, qui étoit
à la Porte Jean le Coeur qu'elles en firent casser les cables et la jettèrent successivement
sur dix autres bateaux plats qu'elle brisa tous
contre le talut. Elle donna aussi sur le pont
dont elle emporta neuf bateaux avec leurs
éperons et leurs pilles. Ces bateaux se parta-
gèrent en deux panneaux, l'un de quatre et
l'autre de cinq. Le premier fut emporté par le
cours de la rivière jusqu'à Diepedale, et l'autre
jusqu'à Duclair. Il y avoit sur l'un et sur l'autre
paneau quelques personnes qui travailloient à
affermir le pont lorsqu'il fut emporté. La Ville
a demandé au Roi soixante et dix mille livres
pour le rétablir. La perte qui se fit sur les ba-

[1] P. 489.

teaux plats étoit infiniment plus considérable.
Des onze bateaux qui furent coulés à fond,
cinq étaient chargĕs de différentes marchandises et attendoient un moment favorable pour
partir. L'un n'avoit que du bled, les quatre
autres portoient du thé, du caffé, du sucre, du
safran, du hareng, de la morue, de l'huile, de
la soude, du crin, du suif, des fromages de
Hollande &c. Le procès-verbal, dressé sur la
facture des marchandises fait monter le total
à deux millions. Il en faut diminuer ce que
l'on a pu sauver, car on a travaillé pendant
plusieurs jours à retirer avec des crocs une
assés grande quantité de barils et de paquets
dont les uns sont gâtés et les autres ne le sont
point, suivant la nature des marchandises. On
sonna le tocsin avec beaucoup de vivacité, non
pour avoir du secours, car tout le désastre
étoit fait quand on sonna, et les portes de la
ville étoient fermées, mais pour avertir ceux
qui étoient interressés au salut des bateaux, et
du pont, afin qu'ils vissent ce qu'il y avoit à
faire dans cette conjoncture.

Ce même soir la lune avoit paru toute en
feu, mais d'un feu si terrible qu'on ne pouvoit

le regarder sans horreur. Un tourbillon de flame s'en détacha, vint s'arrêter sur la montagne de Ste Catherine et se précipita de là sur les cables qui tenoient le bateau de bled amaré, ce qui les consuma en un instant et fut cause de tout le désastre. Plusieurs paisans des villages voisins qui sont sur des côtes avoient vû pendant les nuits précédentes, la ville toute couverte de feux extraordinaires, ce qui causoit une grande fraieur à voir. Un pauvre mendiant, inconnu, d'une taille et d'une figure remarquable dit à quelques personnes qui lui refusèrent l'aumone que Dieu puniroit la ville de la dureté qu'on avoit pour les pauvres et que dans une heure on verroit arriver un grand malheur. C'est ainsi que par des prodiges le Ciel témoignoit combien il étoit irrité. Tels étoient les discours du peuple crédule, toujours zélé partisan du merveilleux. On peut juger par ces fables débitées sous nos yeux de quel poids doivent être les prodiges dont quantité d'histoires sont remplies, et qui se trouvent plus grands et plus fréquens à proportion que les peuples ou les siècles étoient plus ou moins éclairés.

III. — EXTRAITS EN VERS.

EXTRAITS EN VERS

Sur Voltaire [1].

Spectre mouvant, squelette décharné :
Qui n'a rien vu que ta figure,
Croiroit d'abord avoir vu d'un damné
La ressemblante et hideuse peinture ;
Mais en te parcourant, monstre, jusques au bout
Poëtte impie, effréné Philosophe,
On trouve enfin, en considérant tout
Que la doublure est pire que l'étofe.

*Couplets faits aux Essars en 1742. pour Mad*e. *la Présidente de Crosville, fille de M. des Essars* [2].

Présidente, la douceur
Les grâces, l'aimable humeur,
Préside aux lieux ou vous êtes turlurette
Ma tanturlurette.

L'enjoument peut amuser,
Un cœur tendre sait toucher
Iris c'est ce que vous faites turlurette
Ma tanturlurette.

Présidente, auprès de vous
Que l'on passe d'heureux jours
Et qu'ils sont courts ou vous êtes turlurette
Ma tanturlurette.

[1] P. 497.
[2] P. 513.

Quand j'ai chanté la douceur
De vos yeux, de votre humeur,
Mon cœur étoit le Poëte turlurette
Ma tanturlurette

Cependant ne croiez pas
Que pour chanter vos appas
Jaye besoin d'un interprette turlurette
Ma tanturlurette.

Epigramme sur l'Académie de Roüen [1].

Faite donc taire la critique
Petite troupe académique
Dont l'abbé Guyot vient d'afficher l'orgeüil.
On dit que votre Botanique
N'est qu'un jardin plein de cerfeüil.
Voulez vous arrêter le langage caustique ?
Faites que les railleurs promènent un coup d'œil
Dans ce jardin où l'on vous voit ensemble
Asservir la nature à vos décisions.
Prompts à se corriger, nous vous garantissons
Qu'ils diront aussitôt que ce jardin rassemble
Des simples de toutes façons.

Sur les avocats du Parlement de Roüen en 1744.

Parler et se taire à propos
Conduit au temple de mémoire :
L'éloquence avoit fait leur gloire
Le silence en fait des héros.

[1] P. 576.

Sur le Roi de Prusse[1].

A force ouverte envahir l'héritage
D'un souverain dont on se dit ami
Parler en père, agir en ennemi
Machiavel n'en veut pas davantage

Sur le livre de M. Le Cat intitulé la Phisiologie des sens[2].

Le Cat dans l'ardeur qui le guide
Rit du sistême de Neuton
Et soutient qu'il n'est point de vuide :
Dans le fond Le Cat a raison ;
Mais dans son livre refondu
A tant et tant d'endroits le vuide se rencontre
Qu'après l'avoir bien entendu
L'auteur dément ce qu'il démontre.

Réponse de M. Le Cat [3].

Sur la raison Le Cat se guide.
Rire du livre de Neuton
Et fulminer contre le vuide,
On l'en accuse, a-t-on raison ?
Non, qu'un rimeur mieux refondu
Prenne l'eprit du Cat où le plein se rencontre,
Son livre alors mieux entendu,
Le vuide du censeur tout à plein se démontre.

[1] P. 496
[2] P. 496.
[3] P. 498.

10 avril 1730.

D'Ifs, jeune gentilhomme de basse Normandie avec lequel j'avais fait mes exercices à Caën, m'écrivit ces vers.

Epître.

De mon silence, ami, ne sois point etonné,
Le sort que je croïais à me nuire obstiné
M'a tenu plus d'un mois éloigné de la ville,
Et m'a fait séjourner dans un lieu plus tranquille,
Où toujours entouré de bois et de côteaux
Je ne pouvais parler qu'avec les animaux :
Croirois tu cependant que seul et plus sauvage
Que le bon St. Antoine au fond d'un hermitage
J'eusse peû rencontrer des plaisirs plus parfaits
Que jamais n'en gouta Crésus dans ses palais,
Et que dans un désert, le plus grand des caprices
M'eut fait de notre ville oublier les délices.
Non tu ne le crois pas, il faut te le prouver.
Entre tous les plaisirs que je sceus y trouver
Le plus grand il est vrai ce fut la promenade :
Pendant le mauvais tems la nature malade
Au primptems seulement commence à se guérir,
Elle rentre en vigueur, on voit les fleurs s'ouvrir
Zéphire souffle seul, et Flore sa maîtresse
Veut bien que ce mignon sans cesse la caresse ;
Les arbres dépouïllez veulent se rajuster :
De tous ces agrémęnts je scus bien profiter,

Tantôt un livre en main assis sur la verdure
Je voïois d'un ruisseau serpenter l'onde pure,
Et tantôt à dessein m'égarant dans un bois,
J'écoutois Philomele et j'admirois sa voix,
De plus aïant l'esprit exemt d'inquiétude
Je m'instruisois beaucoup dans cette solitude,
Non, disoi-je en moi même il n'est point de bonheur
Qui puisse de ma vie égaler la douceur,
Les plaisirs de la ville ont de trop faibles charmes
On n'en scauroit gouter qui ne coutent des larmes.
Là vous ne trouvez point la douce liberté
Vous ne pouvez rien faire à votre volonté :
Si je reste chez moi dans le dessein de lire,
Point du tout, aussitôt un laquais vient me dire
Ariste vous demande : Ariste des facheux
Est le plus incommode et le plus ennuieux,
Bonjour, ami, dit-il, habille toi bien vite
Car je veux aujourd'hui te mener en visite,
En vain j'ai cent raisons pour sortir d'un tel pas,
Tout ce que je lui dis ne le contente pas,
Il m'entraine à la fin le maudissant dans l'âme
Allons d'abord, dit-il, voir une belle Dame,
Nous frappons, on nous ouvre et pour notre malheur
Un tres petit laquais nous dit d'un ton menteur
Que Madame est malade ou bien qu'elle est sortie,
Il faut donc autre part aller chercher partie ;
Nous entrons chez Climene où devant un grand feu
Etant environné de deux tables de jeu
Est le baron Clitandre étudiant la posture
Qu'il doit faire tenir à sa grande figure.
Après quelques moments de conversation
Confuse, mal suivie et sans attention,

On propose un quadrille et notre cher Ariste
Qu'un malheur obstiné suit partout à la piste,
L'accepte, il joüe, il perd, il est déconcerté ;
Moi ravi dans mon cœur de le voir arrêté
Et plus gai qu'un pilote échapé du naufrage
Je le laisse joüer un fort sot personnage.
Cette avanture ami peut bien te faire voir
Quels sont les agréments que je pourrois avoir
Dans la ville où l'on doit, du moins si l'on veut plaire
Joüer, gloser, mentir, ce que je ne peux faire.
A la campagne donc, en ces lieux pleins d'appas
Où j'étois sans soucis, sans soin sans embarras
J'aprenois chaque jour a devenir plus sage,
Je maudissois le trouble où le grand monde engage,
Je formois à loisir la résolution
De ne plus écouter aucune passion,
Mais ce charmant projet hélas fut inutile
Ma sagssse s'enfuit quand elle vit la ville.

FIN.

TABLE

ACHEVÉ D'IMPRIMER

A ROUEN

LE 24 AVRIL 1876

par

ESPÉRANCE CAGNIARD.

www.ingramcontent.com/pod-product-compliance
Lightning Source LLC
Chambersburg PA
CBHW052128090426
42741CB00009B/1992